CRAC! PCHCHT!! BAOUNED!!!

OU

LE MANTEAU

D'UN SOUS-LIEUTENANT,

Réalités Hyperdrolatiques et Posthumes,

ÉCRITES PAR

PONGO, SAPAJOU ET HOUHOU,

SOUS LA DICTÉE DE

AUGUSTE JEANCOURT,

*

Amicula sub amiculo.
L'amante sous la mante.
(Traduction libre.)
TERTULLIEN, *De Pallio.*

*

TOME PREMIER.

PARIS.

EUGÈNE RENDUEL, LIBRAIRE,
RUE DES GRANDS-AUGUSTINS, N. 22.

*
1832.

LE MANTEAU

D'UN SOUS-LIEUTENANT.

IMPRIMERIE DE A. BARBIER, RUE DES MARAIS S.-G., N° 17.

CRAC! PCHCHT!! BAOUHD!!!

OU

LE MANTEAU

D'UN SOUS-LIEUTENANT,

Réalités Hyperdrolatiques et Posthumes,

ÉCRITES PAR

PONGO, SAPAJOU ET HOUHOU,

SOUS LA DICTÉE DE

AUGUSTE JEANCOURT.

Amicula sub amiculo.
L'amante sous la maute.
(Traduction libre.)
TERTULLIEN, *De Pallio.*

TOME PREMIER.

PARIS.

EUGÈNE RENDUEL, LIBRAIRE,
RUE DES GRANDS-AUGUSTINS, N. 22.

*

1832.

INTRODUCTION.

« Garçon ! — Voilà, voilà, m'sieur. — Un
» petit verre, s'il vous plait. » — Et le garçon
au tablier ambitieux et aux boutons de strass
s'approche, armé de la taupette transparente
qui contient l'alcool étendu d'eau et du
verre à parois épaisses dans lequel sera versée
la précieuse *goutte* de liquide. Mais la pratique en appuyant sur le radius de l'apprenti
limonadier l'extrémité des trois doigts de sa
main gauche, avec cet œil qui veut dire : *Un*

instant que je réfléchisse. « Garçon, » et le diapason de sa voix a baissé de deux tons, « vou-
» driez-vous me dire combien coûte ici la demi-
» tasse? — Comme partout, monsieur, avec
» le petit verre, douze sous. — Eh! bien, ser-
» vez-moi une demi-tasse. — Avec le petit
» verre? — Non, c'est inutile. » Et le garçon
d'une voix de Stentor, sans plus jeter un regard sur le consommateur aux goûts si modestes: « Numéro treize, versez, » et il remporte
taupette et petit verre de cet air insolemment
suffisant que l'on peut traduire par : *Quel est
donc le râpé qui prend des demi-tasses sans
petit verre.*

La scène qu'on vient de lire et dont chaque jour, à Paris, on voit cinquante exemples
se renouveler, se passait le 30 décembre 1831,
au café de la Bourse. L'amateur de moka que
nous venons de mettre en scène était vêtu
d'une capotte militaire, bleue jadis, mais qui
aujourd'hui montrait la corde comme le casimir usé par dix mois de service. Cette *riding-coat*, comme disent nos voisins d'outre

Manche, était boutonnée jusqu'au cou, ou plutôt,—car ça et là les boutons d'uniforme militaire manquaient,—était artistement réunie par de fortes épingles blanchies à force d'usure. Le col noir à passepoil blanc était coupé par suite des nombreux frottemens du col de la redingote.

Pendant que quelques habitués à gloria et à punch se sont livrés aux observations qui viennent d'être reproduites, la demi-tasse est absorbée ainsi que le bain de pied exigu dont la mesure varie au gré des bonnes grâces du garçon verseur. Notre homme se lève, s'approche du comptoir où siège dans toute sa splendeur, entourée de *beaux* de troisième classe, la vierge à cinquante francs, commise à la perception des deniers par le maître de l'établissement, tire une antique blague à tabac faite de la vessie

<small>De l'immonde animal qu'on engraisse de glands,
(Delille, trad. des *Géorgiques*.)</small>

en délie le cordon de cuir, et arrache du fond

de cette originale escarcelle quatre gros décimes qu'il pose successivement sur le marbre qu'encombrent deux énormes paniers métalliques, chargés de flacons, de porte liqueurs, de tasses, etc., etc.

« N'oubliez pas le garçon, » crie l'impertinent qui a enlevé le petit verre à l'économe consommateur.

Nous venons d'achever *un demi* au rhum ; nous payons majestueusement au bureau de la belle limonadière à laquelle nous laissons de plus 0^f, 25 centimes pour le garçon, et nous nous élançons sur les pas du pauvre diable qui nous a précédés au comptoir et dans la rue. Ses demandes, la modestie de la consommation, le huileux vénérable de la vessie à tabac, ses pommettes saillantes, ses yeux perçans et qui brillaient d'un feu surnaturel, ses traits d'une incroyable finesse, nous avaient singulièrement intéressés en sa faveur. Nous le rejoignons. « Monsieur, vous
» êtes militaire. — Oui, messieurs. — C'est ce
» que nous avons présumé à vos manières et

» votre tenue. Nous permettriez-vous encore
» une question : vous êtes étranger à Paris?
» — Pas précisément. — Mais vous n'y con-
» naissez presque personne. — Soit; mais où
» voulez-vous en venir? — Le voici, mon-
» sieur, vous pouvez nous rendre un service.
» Voudriez-vous nous faire l'amitié de dîner
» avec nous? — Et quel service pourrai-je
» ainsi vous rendre? — Nous vous le dirons
» au dessert, etc. »

. . . .

Nos deux seigneuries invitantes étaient deux jeunes auteurs forcés à faire de l'esprit, comme on fait des aunes de toile ou des cuirs imperméables, pour vivre. Écrire ne nous était pas difficile, il ne nous manquait plus qu'une bagatelle, celle qui manque souvent aux auteurs de mélodrame, celle qui manquera avant dix ans à plus d'une *des petites têtes* couronnées de l'Europe, *un sujet*.......
Nous pensâmes que le militaire du café de la Bourse était en fonds pour nous en fournir. Nous ne nous trompions pas.

Le dessert enlevé, nous nous mîmes à l'œuvre et nous continuâmes ainsi huit jours durant. Voici ce que notre convive improvisé nous dicta et ce que nos mains se relayant à propos écrivirent avec des plumes Perry, dont à l'exemple des autres munitionnaires nous offrons de fournir tous les bureaux du gouvernement à raison de 100 francs le cent.

Note à benêts. — Elles se vendent partout 5 fr. les neuf.

CRAC! PCHCHT!! BAOUNHD!!!

ou

LE MANTEAU

D'UN SOUS-LIEUTENANT.

CHAPITRE PREMIER.

§ 1.

**NAISSANCE, ENFANCE, ADOLESCENCE. VO-
CATION. CAMPAGNE CONTRE LES
IGNORANTINS. ADMISSION A
L'ÉCOLE DE SAINT-CYR.**

Comme rien n'est plus intéressant que de savoir dans quel royaume, dans quelle province, dans quelle commune un héros, ne fût-ce qu'un héros de roman, a vu le jour, vous apprendrez d'abord, lecteurs, que je

suis né en France, que le département de la Meuse vante en moi un de ses enfans, que la commune de Vatronville a mon nom inscrit en toutes lettres sur ses registres de naissances. Jusqu'à l'âge de neuf ans environ, je ne vis d'autre toit que celui de la maison paternelle. Mes nombreuses fredaines, en excitant la mauvaise humeur d'une mère, qui à plus d'un titre aurait dû être indulgente pour des espiégleries enfantines, attirèrent sur moi l'attention bienveillante de mon grand-père maternel, le baron de B***, jadis capitaine à Royal-Champagne. Ce brave militaire voyait avec plaisir tout ce qui ressemblait à cette impertinence martiale et rieuse qui caractérisait dans l'ancien régime l'homme comme il faut, c'est-à-dire l'homme d'épée. Il vit en moi graine de page ou de mousquetaire; il me prit en amitié; il me demanda à l'époux de ma mère, lequel me céda sans difficulté. Une fois que je fus installé chez lui : « Eu-
» gène, dit-il, ne sortira de céans que pour
» faire un Bayard, » et pour aider à la pré-

diction, il me donna pour catéchisme la vie du chevalier sans peur et sans reproche. J'en profitais sans doute : car, quand j'étais en faute, ce qu'avec toute l'indulgence imaginable mon aïeul était parfois forcé de reconnaître, ni menaces, ni remontrances n'étaient capables de m'ébranler; les arrêts, la prison, le pain sec me trouvaient inexpugnable; et de quelque courroux qu'on s'armât contre moi, Bayard à moitié, j'étais sans peur, si je n'étais sans reproche.

Au reste, s'il est des vocations (et il faut le croire puisque c'est de foi parmi nos feseurs D'HARMONIES et de feuilles d'automne), je puis dire que j'en avais une pour l'état militaire. Mon aïeul en développant chez moi les inclinations belliqueuses, ne créait pas, le digne homme, comme il se plaisait à le dire. J'étais tout feu pour ce qu'il me prêchait. La maison et quelquefois la rue, étaient le théâtre de mes exploits militaires: tantôt c'était un jardin dont j'escaladais les murailles; tantôt d'après ce grand principe du génie de notre siècle, que la guerre nourrit la guerre, j'envahissais le magasin à pommes qu'ensuite à titre de subsistances militaires je répartissais entre mes compagnons de gloire; tantôt, mes amis et moi, au cœur de décembre, organisions de petites batailles. Les boules de neige étaient notre mitraille : c'était là nos campagnes d'hiver. Je vivrais cent ans, que jamais je n'oublierai un fossé assez large que nous voulûmes passer, les miens et moi, poursuivis par les cosaques de l'école des ignorantins. Nous appelions ce fossé la Bérésina. Il fut notre Bérésina, en effet : nous y tombâmes et nous eûmes de l'eau jusqu'au genou; j'y laissai un sabot. Nous prîmes depuis notre revanche, et tout jusqu'au potager de frère Coupe-chou fut traité en province conquise et paya les frais de la guerre. Nous étions en fonds pour fournir un appendice aux stratagèmes de Polyen.

Ces petites expéditions, vrai cours pratique de science militaire, ne m'empêchaient pas de faire de bonnes études classiques. Aussi quand j'eus atteint ma dix-septième année, n'eus-je aucune peine à remplir toutes les conditions imposées au Turenne en herbe qui veut être admis à l'école des sous-lieutenans. Entrer à l'école militaire! c'était depuis six ans le *nec plus ultrà* des vœux de mon aïeul. Quel splendide déjeûner, le lendemain de la nouvelle de ma réception; quel dîner la veille de notre départ, car mon grand-père voulut me conduire lui-même à Saint-Cyr.

§ 2.

ENTRÉE A SAINT-CYR. ASPECT DE L'ÉDIFICE. VISITE AU GÉNÉRAL. CATASTROPHE DU BARON.

Ce fut le 10 novembre 18... que le coucou de la petite propriété nous jeta de cahot en cahot à l'entrée de cette longue et triste allée flanquée de murailles, par laquelle on atteint la grille de l'École militaire. C'est donc là qu'aimait à se retirer la mystique

Maintenon; c'est là que Racine, dévôt, et rêvant coulisse, vers et drames *quand même*, fesait jouer son Esther! c'est là que les jeunes actrices formées par l'amant de Champmélé, et dont le cœur aspirait à un autre théâtre, vivaient protégées par le grand roi contre les débordemens du siècle et contre les velléités de tout autre que Sa Majesté.

Beaux anges, que votre paradis était triste, s'il ressemblait au Saint-Cyr d'aujourd'hui! Quel contraste vos voiles blancs, emblêmes charmans de vos âmes, selon votre aumônier, offraient avec ces murailles noirâtres qui ressemblent à une tenture de mort. Si c'était un lieu d'enchantement et de délices, pourquoi ces portes, ces grilles, ces lourds barreaux? Ah! si vous y étiez encore, ils ne nous empêcheraient pas d'y pénétrer, et vous n'en auriez que faire pour nous empêcher de sortir.

Enfin pourtant, m'y voilà! La grille s'est refermée derrière moi; une longue enfilade de cours se déroule à ma vue; des gardiens à grosses clefs, à mines rébarbatives, du reste coiffés d'un bonnet de police qui leur donne l'air d'un pignon de maison du temps de Henri de Valois, complètent, ou disons mieux expliquent le tableau. Prospectus sur papier vélin, qui comme tous les Prospectus vos confrères, nous promettiez un Éden sur la terre, l'aspect de votre Éden est le meilleur commentaire qu'on puisse joindre à votre texte! C'est dommage qu'il le confirme comme le texte hébreux confirme la Vulgate, ou comme les ordonnances du Juste-Milieu confirment la Charte-Vérité.

Mon enthousiasme était un peu ébranlé: je commençais à pressentir que je ne bivouaquerais pas sous l'édredon, et que ma liberté pendant deux ans serait celle d'un Danois libre de parcourir autour de sa niche, adossée à la grille de la cour, la demi-circonférence dont sa chaîne est le rayon. Serais-je plus libre une fois sorti? je me l'imaginais: on sait comme il est libre celui qui, l'épaulette sur la clavicule et l'épée battant le fémur, est appelé à défendre la liberté des autres.

Tout à coup ces mots : « *allez chez le gé-* » *néral* » me tirèrent de mon engourdissement et interrompirent comme par enchantement les soupirs que je multipliais *in petto*. Le général! Qu'est-ce donc que cet assemblage de voyelles et de consonnes, que ce trissyllabe si vulgaire, que cette finale qui est celle de brutal, d'animal, de bestial, de caporal,—car, qui n'a fredonné ces rimes riches de l'homme-vaudeville à qui le travail de ses collaborateurs a valu 900,000 fr. (1)

Et voici, général,
Le récit littéral,
Que fait le caporal;

qu'est-ce, je vous le demande, que ce mot possède pour vibrer si harmonieusement à

(1) On connaît la réponse faite par un académicien à M. Scribe, lorsqu'il se présenta pour être de l'Académie française. Un fauteuil, dites-vous? c'est un fauteuil que vous voulez? Dites donc une banquette.

l'oreille d'un novice, pour le chatouiller plus délicieusement qu'une stretta de Rossini, rendue par la voix de Malibran. Enfin j'étais complétement sous le charme quand nous fûmes introduits.

Le baron chez qui une habitude de treize lustres bien comptés, avait stéréotypé tous les ridicules nobiliaires, n'était pas fait pour déroger aux *us et coutumes du cérémonial de la présentation*. A force de fouiller dans ses vieux souvenirs, il improvisa en route une très-belle harangue qui, j'en suis certain, aurait exhalé ce parfum d'honneur aux dames et de chevalerie des beaux jours de Royal-Champagne. Le général pouvait savoir à peu près ce que c'était : il avait figuré à Coblentz et fait ses campagnes à Vérone et à Mittau, sous les ordres du comte de Lille et de M. de Blacas, premier et dernier gentilhomme de sa chambre. Ainsi nos deux gentilshommes étaient à peu près de même force. Si mon présentateur avait médité son discours, sans doute le noble gouverneur avait préparé sa réponse; à moins que, comme je le présume, il n'eût un répertoire tout fait pour les occasions petites ou grandes. Probablement pourtant mon aïeul s'était le plus évertué. Aussi son air, quand on l'annonça, n'était pas moins radieux que la physionomie du solliciteur qui lit enfin son nom dans une des interminables colonnes du *Moniteur*. Mais admirez la puissance de l'habit, à peine vit-il étinceler les étoiles d'argent de deux grosses épaulettes et le collet fleurdelisé, que la vieille expérience se trouva en défaut. Le baron porta la main droite à son chapeau; c'était fort bien : mais il oublia de diriger la gauche derrière l'oreille vers l'angle inférieur de sa perruque; c'était inexcusable! La malencontreuse chevelure postiche pivotant sur un piédestal de papier brouillard, vulgairement nommé calotte, décrivit sur le chef de mon pauvre père-grand un quart de révolution. Le baron avait toujours eu horreur des révolutions. Je vous laisse à penser si celle-ci l'émut. Soit indignation, soit confusion, il eut quelques minutes l'air si comique que je fus forcé d'en rire. Quant à la magnifique allocution qu'il devait adresser au gouverneur, il en fut pour ses frais de méditation et resta aussi court que le bailli chargé de complimenter Henri IV. Heureusement le général était bon diable, et sentant que son affabilité devait venir au secours du malheur causé par sa majestueuse tenue, il lui fit ces questions d'un homme qui sait vivre et qui possède à fond tout le formulaire du colloque d'un salon du grand monde. « N'avez-vous pas eu froid en route, nous dit-il. » De la bouche de tout autre une telle question, après un tel incident, aurait frisé le persifflage ; mais le général n'était pas un de ces génies épigrammatiques, véritables porc-épics de la société, qui dardent à tout propos, et sur tout venant, le sarcasme et le brocard.

Le ciel n'est pas plus pur que le fond de son cœur ne l'était en laissant échapper cet à-propos naïf. Après cet effort d'imagination il se retrancha sur les faits de raison, et me débita, sur l'observance de la discipline, une admonition qui sentait la circulaire d'une lieue, et dont j'aurais dès la première phrase deviné la péroraison. Au surplus, si le général n'était pas inventif, il fallait du moins qu'il eût la mémoire d'un cacatoès; car, outre qu'il savait mieux que vous et moi son décalogue et ses commandemens de l'église, il répétait imperturbablement à tous les nouveaux débarqués la tirade que j'étais condamné à entendre ce soir là. Il n'y glissait pas même ces variantes légères du maître de rhétorique de M. Jourdain. (Voyez *Bourgeois gentilhomme*, acte 2.) Un de nous qui, sans user des procédés mnémoniques de Fénaigle, retenait tout ce qu'il entendait, prose ou vers, répétait à chacun des arrivans l'inévitable homélie de l'éloquent général.

A chaque pause que faisait sa Gravité administrative, le baron s'inclinait avec non moins de respect que lorsqu'au sermon il entendait prononcer le nom de notre

Sauveur (1). Pourquoi pas? Newton portait bien la main à son bonnet lorsqu'on parlait de la bête de l'Apocalypse; et Chaussier, au chapeau-parasol, ôtait son auvergnate coiffure au nom d'Hippocrate : or, jamais Hippocrate ne guérit de surdité au nom d'*Epphetha*. Pour moi, les périodes officielles du gouverneur charmaient peu mon ouïe juvénile; et de cœur, sinon de bouche, j'aurais déjà envoyé Saint-Cyr à tous les diables, si les belles épaulettes de général ne m'eussent en quelque sorte fasciné. Oh! cette atmosphère d'épaulettes, de hauts grades, de branches de chênes qui portent des glands et des feuilles d'or, et dans lesquels étincellent des croix... oui, comme l'atmosphère embrasée de la Libye, celle-là produit un mirage, et donne à des plaines de sable l'aspect d'un riant

(1) Lorsque nous écrivions ce chapitre en 1829, nous croyions que *Notre Sauveur* serait à tout jamais un synonyme exact de Jésus-Christ. Que le lecteur se tienne donc pour averti qu'il ne s'agit point ici des Curtius qui ont sauvé la France en immolant leurs escarpins sur la route de Neuilly. Jésus allait pieds nus.

et vert oasis oscillant au milieu des eaux. Immobile et raide comme ces échalas habillés, terreur des moineaux, j'étais l'image exacte de Jean-Jean qu'un sémillant instructeur initie à la position du soldat sans armes.

Enfin nous partons: un grand salut au noble baron mon aïeul, à moi une caresse sur les joues, accompagnée d'un « *nous en ferons quelque chose,* » nous congédie. Je respire. Le baron s'imagine que le général éternue, et, en militaire-marguillier, il lui répond: *Dieu vous bénisse.* Je ne sais si le général de Coblentz répondit comme doit le faire tout bon chrétien qui veut une place en ce monde et son salut dans l'autre: « *Amen.* »

§ 3.

VISITE CHEZ LE CHIRURGIEN. LA TOISE, LA CHOSE INDISPENSABLE POUR ÊTRE UN HÉROS.

De l'appartement du gouverneur, un homme de planton nous conduisit chez le chirurgien. Mon grand-père était ravi et parlait beaucoup; moi je ne répondais que machinalement. Croira-t-on que je réfléchissais.... Oui; que je me permettais la *réflexion*, péché, selon nos maîtres en discipline, non véniel, et qui mène directement à la salle de police. La salle de police! justement c'était le mot qu'avait lâché le général au milieu de sa paternelle harangue. Cet exorde par insinuation m'avait froissé de prime-abord, et maintenant il me revenait plus fortement que jamais à la tête; il se présentait sous de vives couleurs, se dessinait sous d'énergiques images. Je vous laisse à penser si j'avais le sourire sur les lèvres. Quoi! ce général n'a rien de mieux à dire à un débutant? Il faut qu'il commence par épouvanter; son bonjour est une menace de prison: je crois qu'il regrette le knout moscovite et la schlague qui laboure si joliment le dos des Prussiens. Oh! quatre-vingt-neuf, quatre-vingt-neuf a tout perdu! les novateurs dans leur rage de destruction ont supprimé les monarchiques coups de cannes, aussi voyez l'indiscipline : les bandes françaises ont couru à l'Escuriale, au Kremlin, sans l'*exeat* de Metternich et malgré le *veto* de Castelreagh.

Mais, trêve aux réflexions. Si le gouverneur n'est pas disert, il est brave. Il doit l'être du moins. Ces rubans de toutes espèces, ces croix de tous les genres, ces cordons de tous les ordres dans lesquels les souverains répartissent les bipèdes, je dirais presque les reptiles qui les entourent, toutes ces décorations attestent que le gouverneur de Saint-Cyr réunit au courage du soldat le coup d'œil d'aigle du général. La preuve n'est pas mathématique; mais le vin du coin, la puissance de l'eau bénite, la véracité d'un budget, la vertu de vos femmes, messieurs, tous articles de foi, est-ce mathématiquement prouvé?..... Allons chez le chirurgien.

Ce Dupuytren de Seine-et-Oise avait bien la physionomie la plus hétéroclite qu'Henri

Monnier puisse imaginer : c'était un de ces vieux praticiens, froids, secs, rêches, et comme le disait Marie-Joseph : «pincés, passés, » cassés, glacés. »

Illi robur et œs triplex

comme à son scalpel. Il eût disséqué l'univers, je crois, le soleil eût-il été son seul témoin.

Le docteur, s'il n'était poli, était expéditif en affaire; il ne prit pas de mitaines avec le novice que lui expédiait le gouverneur : en un clin d'œil je me vis dans le costume d'Adam, notre commun et premier père, seul mari dont la paternité ne soit point sujette à problème. — « Marchez, tournez à droite, à « gauche, levez le bras, fendez-vous, » tels sont les ordres que je fus obligé d'écouter un quart d'heure durant, pirouettant, m'arrêtant, faisant des écarts, tournant le dos, tournant la face, et de rechef arpentant à grands pas la chambre selon la diagonale. Le coup-d'œil observateur ne me quittait pas d'une minute. On fut satisfait: on me certifia au grand complet. Passer sous la toise était inutile; l'œil le moins exercé voyait aisément que je dépassais les 513 millimètres de rigueur. Car, vous le savez, on ne peut obtenir de *bon à se faire tuer* si l'on n'arrive à ce minimum; un millimètre au-dessous, vous n'êtes bon à rien qu'à garder les oies comme frère Philippe; à courir la docte Allemagne aux frais du budget universitaire, comme Cousin, pour faire huer la science française tout entière dans la personne de ce qu'on croit un savant français; à auner le calicot avec le pompon jaune de la garde nationale; tout au plus à être un rival de Byron ou de Rotschild, tous péquins, comme on disait sous le glorieux règne. Ainsi, que par hasard, l'encéphale de Napoléon se trouve logé dans la tête d'un Lapon, faute d'échasses assez hautes pour que nous apercevions ce génie militaire, il restera dans sa hutte de neige et n'y respirera que la fumée de graisse d'ours. Un grand homme doit commencer par avoir quelque chose de l'homme grand. Il n'y a que Luxembourg qui ait donné un soufflet au principe; mais il était de ceux qui naissent colonels. Est-ce un mal? je ne déciderai pas. Naïf disciple, comme le docile pupille du docteur Pangloss, je me laisse aller au fil de l'eau que je ne puis maîtriser; je sens que moi tout le premier, j'aurais envie de rire à la vue d'un héros contrefait, eût-il signalé sa vie par des prodiges de valeur, eût-il à lui seul pris le Trocadéro; et, sans me croire du nombre de ces envieux qui sont au mérite ce que les ombres sont à un tableau, je serais tenté de le comparer à un joueur qui devient d'autant plus hardi qu'il expose moins. Ainsi, messieurs Mayeux présens et futurs, eussiez-vous plein le dos du génie des César, des Alexandre et des Frédéric, contentez-vous d'affronter le fer de l'orthopédie; soyez *diplomate* plutôt si c'est votre talent, signez des protocoles; mais ne songez ni à figurer avec Taglioni (sur la scène), ni à vaincre l'archiduc Charles sur le champ de bataille.

§ 4.

LES BUREAUX. DE LA MORGUE, DE LA MORGUE, ET ENCORE DE LA MORGUE.

Avec le visa du chirurgien, nous avions la clé des bureaux; c'est l'*il bondo kani* du récipiendaire, il fait bon en être muni. Nulle part plus que dans ces galeries sombres et à pesante atmosphère, qu'on nomme bureaux, le *Sésame, ouvre-toi* des quarante voleurs n'est indispensable. C'est là qu'il faut voir comme tout pygmée s'exhausse, se quarre, se rengorge, agrandit dans tous les sens son maigre individu; il n'est pas un des adeptes du plumitif qui ne dise *nous*, avec toute la majesté d'un roi signant des ordonnances qu'il n'a pas lues. Nous passons d'autocrates en autocrates. Ici on toise l'apprenti général; là on dresse son signalement, on l'enregistre, on l'immatricule; puis, on lui donne un numéro qui désormais sera inhérent à ses nom et prénoms, comme Asiaticus ou Africanus, à ceux des Scipion, ou mât d'artimon à l'incommensurable comte Beugnot (1), comme le chiffre donné rue de Jérusalem au char numéroté, objet des sarcasmes de madame Elmire Bonnard. Au milieu de ces figures qui appellent le crayon de Charlet, de ces colloques insipides, tour à tour plats et suffisans, de ces allées et venues sans motifs, on peut prendre une idée de l'importance de la bureaucratie militaire; et, si l'on ne sortait de chez le général, on serait tenté de donner ce titre à chacun de messieurs les employés. C'est ainsi que je me figure, au sortir de la cour de Berlin ou de Vienne, les petits princes de la confédération du Rhin. Quelle dignité! quelle gravité! quelle anti-urbanité! On voit bien que ces messieurs

(1) M. Beugnot passe pour un des plus grands hommes de France. M. de Chabrol, ministre de la marine, demandait un jour ce que c'était qu'un mât d'artimon, et ne comprenait rien aux réponses. « Monseigneur, lui dit un des assistans, figurez-vous M. Beugnot. »

n'appartiennent pas au *civil*. A toute minute, on est tenté de craindre que leur tibia ne s'allonge obliquement à l'horizon, pour vous insinuer la pointe du pied dans le pelvis, à l'instar des paternelles caresses du bilieux Casimir. *A Jove principium ;* ce principe émane de gens de haut lieu. Ces scribes peut-être, en développant ainsi leur puissance musculaire, se croiront de *l'étoffe* dont on fait les ministres, Atlas atrabilaires de la monarchie. Mais non, le menu fretin qui s'agite dans le juste-milieu bureaucratique, n'a pas encore droit d'impertinence ; ils n'ont pas d'ordres, de décorations : les insignes caractéristiques de leur dignité se bornent, d'abord à une plume passée derrière l'oreille; à un gigantesque registre *central* que de long-temps, hélas! ils ne troqueront pour un porte-feuille; enfin, à une tabatière villélique, où chacun va successivement se décrasser les doigts. Eh bien, c'est égal, ils font contre fortune bon cœur : on leur a dit, —et pourtant Saint-Simon n'avait pas encore été reçu Dieu par ceux qui voulaient se faire recevoir papes, — que les capacités du siécle végètent dans la poussière des emplois obscurs! Ce n'est pas que je veuille nier le fait; car, presque toujours le commis à 1,200 fr., confectionne, de toutes pièces, le génie de son chef à 12,000, qui probablement serait incapable de remplir une colonne avec des guillemets, et dont toute la science consiste à savoir feuilleter le bulletin des lois. Mais en vérité, messieurs Bazard et Enfantin, je ne me serais jamais imaginé que ce fût là une découverte. Je ne désespère pas qu'un de ces jours un de nos génies découvre Saint-Denis et la plaine des Sablons. En attendant, et pour en revenir à nos employés militaires, ils font comme les autres, ils se vantent, se gonflent, se plaignent, se consolent et espèrent un avenir meilleur, en remplissant, de neuf heures et demie à quatre heures des billets d'hôpital. *Sic itur...* à vingt-cinq louis de retraite au bout de trente ans bien accomplis, si toutefois on a été ce que M. Sébastiani, de par les cours et la conférence de Londres, recommande à la France d'être... *sage*.

§ 5.

LES MAGASINS. L'HABIT, LE VÊTEMENT NÉCESSAIRE, LE SCHAKO. THÉORIE ACCOMMODANTE DES TAILLEURS DE RÉGIMENS. SÉPARATION.

Selon l'aphorisme le plus vieux et le plus véridique qui onc ait été prononcé de Charybde en Sylla, je passai des bureaux dans les magasins. Mon grand-père était toujours à mes côtés, et sa physionomie satisfaite et sérieuse formait le contraste le plus bizarre avec celle de son petit-fils. Que l'on se figure un jeune homme plein de cette vitalité pétulante que tous les pores exhalent à dix-sept ans, et vous aurez une idée de mon supplice. Me voyez-vous entre deux robustes garçons tailleurs, la tête tournée vers une haute pile d'habits, de pantalons amoncelés comme une meule de blé? « Essayez, voilà l'affaire. — Oui da ? »

Docile d'abord aux invitations, j'essayai environ une trentaine de fracs et de *vête-mens nécessaires*; mais rien n'allait : j'étais un de ceux que dame nature a moulés exprès pour faire damner le respectable corps des maîtres tailleurs. Ni première, ni seconde, ni moyenne tailles ne s'adaptaient à la mienne. Je suais à grosses gouttes, j'étais rendu ; je n'avais pas prévu que mon premier exercice de gymnastique se ferait dans le magasin du tailleur. De guerre las, je pris un parti, et ennuyé de jouer une heure durant les travestis, je déclarai que tout allait à merveille. Alors, singulière péripétie ! les bourreaux cessèrent d'être de cet avis; c'était trop haut, trop bas, trop large, trop étroit, trop peu collant, sans grâce. Oh ! cette fois ils avaient raison. Tout finit pourtant, à Saint-Cyr, comme dans le monde : je n'essayai que la moitié du magasin, et ces messieurs se proclamèrent satisfaits.

Mon habit, il est vrai, eût pu loger deux tailles comme la mienne ; mais rien de tel qu'un tailleur militaire (d'aucuns supprimeraient l'épithète, et diraient « qu'un tailleur »). Avec lui les formes, quelque nettement dessinées qu'elles soient, ont toute l'élasticité d'une Charte interprêtée par un ministre. Êtes-vous étranglé dans un collet, il ne deviendra là que trop large; cet habit est trop étroit, vous êtes coulé dans un moule. Au contraire, est-il comme les périodes cicéronniennes, d'une ampleur à loger et introduire en contrebande votre maîtresse dans l'école : « C'est un jeune homme, il prendra du corps. » Jamais, de mémoire de dandy, un tailleur militaire ne resta en défaut, surtout depuis que l'administration de la rue Saint-Dominique-Saint-Germain leur impose un tarif sur lequel ils n'ont pas été appelés à délibérer. Notable exemple d'économie politique! rogner la culotte du soldat et les basques de l'habit du caporal, afin d'allonger d'autant les robes des danseuses, et de donner aux femmes des hommes publics, des robes à queues. La représentation, on le sait, est le principe vital des monarchies; et représenter, pour un prince, c'est avoir autour de lui un peuple galonné, brodé, doré, taré, ce qui veut dire un peuple de gens qui pillent, houspillent, éparpillent et gaspillent. Payer, c'est preuve de richesse. Il n'est point en Europe de pays si riche que la France. Ce n'est pas que les fastes — et le faste — des cours étrangères ne puissent fournir d'assez jolies anecdotes au chapitre des dilapidations. On connaît la chandelle d'Alexandre Ier, portée par le premier gentilhomme de la chambre à 12,000 f. Mais c'est en France qu'il faut venir pour voir l'opulence permanente, inépuisable, de la nation qui paie à Louis XVIII les œufs 1,800 fr. la douzaine, et à la simplicité du Citoyen-Roi, 900,000 fr. de fourrage de chevaux et 450,000 de blanchissage. Nous ne parlerons pas de cette haute générosité si chevaleresque et si française, qui, pour donner de l'occupation et du soulagement à la classe laborieuse de la Grande-Bretagne, vu qu'elle n'a plus rien de ce *genre à faire en France*, paie aux négocians de Birmingham et de Londres, de mauvais fusils beaucoup plus chers que ne demanderaient pour de bonnes armes les ateliers de Saint-Étienne; car les pots de vin sont une calomnie, et il est prouvé par arrêt *de cour royale seulement*, que les 6,000,000 résultat des plus value de douze francs par chaque fusil, n'ont pas précédé dans la caisse privée des plaignans les vingt-cinq francs d'amende que Thémis leur a alloués comme équivalent de leur honneur blessé ; c'est comme de la charpie pour panser les blessures faites à leur considération sociale.

J'étais équipé, je puis le dire, de toutes pièces. « Qu'il est bien en uniforme, ça lui va à ravir, on dirait qu'on lui a pris mesure. » C'est possible. Cela dépend de la manière dont on sait la prendre. Les deux garçons se partageaient les rôles à qui mieux mieux. Tandis que l'un faisait un paquet de ma dépouille bourgeoise, l'autre s'évertuait pour me consoler et me dorer la pilule. Je savais trop bien à quoi m'en tenir. Une velléité de dandysme avait germé et levé dans ma tête. Et ce qu'empaquetaient si dédaigneusement les manœuvres de la pacotille militaire, c'étaient autant de types de la dernière mode, exécutés par les mains industrieuses de Berchut. Ah! pauvre Berchut, comme on maltraitait les chefs-d'œuvre de ton génie! Un fashionable qui saurait ce que c'est que rimer aurait exhalé sa douleur en élégies.

Il n'est pas jusqu'à un Bolivar de paille qui avait fait long-temps mes délices, et dont j'avais prolongé l'usage jusqu'au commencement de la froide saison, que ce Vandale ne cherchât à insérer bon gré mal gré dans son ballot, au risque d'en faire un éventail. — « Mais prenez donc garde, vous » écrasez mon chapeau! — Soyez tranquille, » répondit le narquois d'un air goguenard, » quand vous sortirez d'ici il ne sera plus » de mode. » La réponse m'aurait irrité au plus haut degré si une forte pression physique n'eût fait à l'instant diversion à la vexation morale. Une main pesante venait de m'appliquer sur la tête une lourde machine, dont le nom dû aux Polonais ou aux Russes, et importé chez nous par les guerres d'Allemagne, vibre peu harmonieusement à l'oreille. C'est le schakos, coiffure éminemment commode, qui ne garantit ni du soleil en été, ni de la pluie et du froid en hiver, pas même depuis qu'un ministre tacticien habile y fit adapter des ventouses, invention dont au bout de trois ans est accouchée la commission d'habillement, qui a coûté un million à l'État. Pour cette fois, mes épreuves ne furent pas longues; on trouva mon affaire du premier *coup*. Il s'en fallait que je fusse enchanté de mon nouveau costume : qu'aurais-je donc fait si j'avais débuté dans la carrière en qualité de simple soldat, et si, sans égard pour un cadet de famille, j'avais été obligé d'endosser certaines défroques, auxquelles un galeux, un dartreux, un.... tout ce que l'on voudra, aurait laissé en mourant un certain nombre de trimestres à parcourir, car l'État fait flèche de tout bois, l'État ne perd rien, à ce que disent ceux qui pensent : « l'État c'est moi. » Ils n'y perdent rien, eux, du moins. Nouvel argument à l'appui de l'axiome de Paul-Louis : « les ministres « donnent tout au roi, comme les prêtres tout « à Dieu. »

Ma métamorphose était complète, mon accoutrement avait été la partie comique de l'installation; restait le tragique, le pathétique, les adieux. Je courus au baron, je l'embrassai comme un protecteur et un père dont on va se séparer pour long-temps. Ses yeux, qui à la vue de mon uniforme s'étaient mouillés de quelques larmes de plaisir, se changèrent en ruisseaux lorsque définitivement il fallut se quitter. Plus ferme que lui, je lui remontrai que sous l'habit militaire on ne doit pas verser de larmes, et je me permis de lui rappeler Royal-Champagne. Peut-être au fond, le chagrin de me séparer de mon aïeul était-il moins vif dans mon cœur que ne l'était dans ma tête l'attente d'une vie nouvelle, monotone sans doute, pénible et fatigante, mais nouvelle. Je pensai un instant aux larmes que versent ou doivent verser la mariée et sa mère dans la nuit du plus beau jour de la vie, quand l'impitoyable époux arrache sa proie conjugale aux bras maternels. Souvent alors la mère pleure tout de bon; mais c'est étonnant comme je me défie des pleurs de sa fille.

Revenons à Saint-Cyr, où de pareilles scènes ne se passent guères, et à mon grand-père. Au milieu des soupirs et des paternelles admonestations, je reçus, en présence de témoins, l'écu de cinq francs, maximum mensuel fixé par les réglemens pour les menus plaisirs de messieurs les élèves (on peut dire qu'ils sont menus, ces plaisirs à cinq francs par mois). A peine eus-je mis en poche les cent sous, modeste emblême du modeste budget futur des défenseurs de la patrie, que je tournai les talons à mon grand-père, et je posai mon schakos tellement sur le coin de l'oreille que le brave gentilhomme se hissa dans le coucou en se disant : « Mon petit-fils ira loin. »

Provisoirement, on me fit entrer chez le perruquier coiffeur de l'École, quasi-notabilité à qui cet emploi avait été donné en récompense de ce qu'il avait appris son état en Vendée sur la tête des *bleus*. Aussi s'acquitta-t-il de cette tâche nouvelle en praticien consommé : en un clin d'œil je fus coiffé en enfant de chœur ; je vis tomber mes boucles de cheveux à la Bergami. Cet habile homme les prenait pour de séditieux Benjamin-Constant. De quel stoïcisme je fis preuve durant cette opération ; ma résignation à la providence eût fait l'admiration d'un grand séminaire : décidément j'étais né pour les grandes choses. Saluez, messieurs ; il y a dans cette tête rase plusieurs Catinats.

§ 6.

INTÉRIEUR DE L'ÉCOLE. 1ʳᵉ ANNÉE. 2ᵉ ANNÉE. RÉCRÉATIONS DES ÉLÈVES. EXCURSIONS PSEUDOMATHÉMATIQUES. LES OMELETTES.

Après ces préliminaires indispensables, un adjudant se chargea de m'introduire dans une cour immense, et là, frappant les deux paumes de ses mains l'une contre l'autre, levant le menton et le nez, et modulant un *heupp* guttural, triple signe par lequel il appelait le sergent-major de la *troisième* : « Ser- » gent-major, voilà un conscrit, c'est pour vo- » tre compagnie. » Le sergent-major inscrit, les employés auraient dit enregistre mon nom dans son calepin, me regarde du haut en bas, décrit autour de mon individu une demi-circonférence, ne dit mot, n'en pense pas plus, et s'en va en se dandinant comme une odalique turque et sifflant l'air *Où peut-on être mieux*.

Me voilà donc abandonné à mes réflexions.

Certes, pour un novice, élevé en fils unique, il y avait de quoi en faire. Mes nouveaux camarades ne marquaient guères d'empressement à me connaître : les uns étaient adossés à un grand mur, et là, immobiles comme les Lazzaroni de la capitale des deux Siciles sous le poids d'une chaleur napolitaine, mettaient à profit un maigre rayon du soleil septentrional; les autres, par escouades de trois ou quatre, faisaient le manège autour de cette grande cour pompeusement décorée du nom de *cour des Jeux*. On n'y joue jamais, à moins qu'on ne veuille prendre pour jeu la théorie d'infanterie mise en pratique. Cependant on s'apercevait de ma présence; chaque groupe, en passant tout près de moi, m'examinait comme M. Cuvier examinerait un nouvel Anoli, ou quelque Tapir arrivé d'Amérique, ou même comme il examinera la prochaine fournée de fossiles (1). Les uns m'étourdissaient en répétant des comman-

(1) La dernière fournée a eu lieu par ordonnance du 17 décembre 1831.

demens, d'une voix à fendre la tête; les autres bourdonnaient l'épithète de conscrit, qualification spirituelle que je savais déjà de reste, ainsi que le numéro de ma compagnie. J'en étais là de mon apprentissage, quand enfin s'acheva cette voluptueuse récréation. Le tambour bat, ce son me fait plaisir. Cette fois c'est pour moi comme pour les autres. *Son pittore anch 'io*. Je fais comme mes peu communicatifs camarades, je me mets dans les rangs. Il est vrai que je débute par une brioche, je vais me ranger dans les files des *anciens :* pas une âme assez charitable pour m'avertir de la bévue. Au contraire, on me berne, on me balotte, on me persiffle, on rit tout haut sans daigner me dire pourquoi, mais pourtant en me laissant à merveille comprendre que c'est de moi. C'est tout naturel, Dieu, dans sa bonté, créa le conscrit pour égayer les anciens. Il n'est pas un de ceux-ci qui ne pense, s'il ne le dit :

Le conscrit vient ici pour nos menus plaisirs.

Ma philosophie ne fut pas à l'épreuve de ces légères contrariétés. J'avais au plus donné une larme à mon habit, un soupir à mon pantalon collant, un regret à mon chapeau ; j'avais causé et ri pendant la chute de mes bergami. Mais les plaisanteries voilées ou claires qui m'assaillaient, qui pleuvaient sur ma personne, me vexaient cruellement. C'étaient des roses pourtant : j'eus aussi le bon esprit de m'apercevoir que plus ces vétilles tourmentent un récipiendaire, plus on a de plaisir à l'en environner. Ma première impression céda bientôt ; je ris comme eux des tours risibles qu'ils voulaient me jouer : ni *presse*, ni *triomphe*, ni *bascule* ne furent capables de me faire pâlir. En peu de temps je comptai des prôneurs, des amis, je devins un des plus expérimentés de l'école, et je n'étais pas encore au bataillon que j'avais le droit de porter de fausses manches rapiécées et à mon bonnet un gland de six pouces, respectable privilége des anciens, sans qu'aucun d'entre eux s'avisât de trouver que le blanc-bec empiétait sur la dignité des vétérans.

C'est une vie monotone comme celle d'un anachorète, que celle d'un élève de l'école militaire : les prières, il est vrai, ne prennent pas un temps considérable ; la restauration même n'a pu transformer Saint-Cyr en Saint-Sulpice. Mais qu'est-ce que nous avions pour nous délecter vingt-quatre mois durant : l'exercice et les cours ; les cours et l'exercice, les cours surtout. Ils sont si judicieusement partagés que deux ans ont l'air d'être trop pour faire de chaque élève une petite encyclopédie civile et militaire. Je donne ma parole qu'en deux ans entiers, je n'ai rien vu de profond dans toute l'école que l'ennui. Rien n'en peut distraire, pas même l'orgue du père Tapperet, qui aux fêtes carillonnées, nous variait l'air nouveau :

> C'est la mère Michelle
> Qui a perdu son chat (1).

(1) Ici je rétablis le texte indignement mutilé par la

se bornant à jouer le thême aux dimanches ordinaires.

Rien de tout ceci n'empêche que je ne rende justice à ce qu'il y a de vraiment remarquable à Saint-Cyr. C'est, architectoniquement parlant, un établissement magnifique. Le polygone, le Champ-de-Mars, les dortoirs, les salles, le réfectoire avec ses colonnes, tout, jusqu'au lavoir, qui avec ses trente robinets débarbouille à la fois la moitié d'une compagnie, forment un ensemble curieux, beau, bien entendu. Il n'y manque que des hommes et un plan d'éducation.

Il faut voir comme les élèves accusent le temps de lenteur, comme ils appellent de leurs vœux l'instant qui doit les transvaser dans une autre prison, comme ils soupirent après leur dernière omelette, car il faut savoir qu'à Saint-Cyr, on compte par omelettes comme les Grecs comptaient par olym-

plupart de ceux qui le citent. Croirait-on qu'ils écrivent comme une ligne de vile prose: *C'est la mère Michelle qui a perdu son chat*, etc.

piades. De mon temps du moins l'omelette était le symptôme certain du vendredi. Ce plat, avec les pommes de terre bourboniennes (1), le légume cher à Ésaü, et le tempétueux haricot, étaient les seules œuvres périodiques permises à Saint-Cyr.

La seconde année est moins désagréable, vu que les captifs sont moins hermétiquement clos. On lève des plans, il faut sortir; on pratique des reconnaissances militaires, il faut sortir. Toutes ces excursions rompent la monotonie disciplinaire. L'instruction n'y gagne pas toujours immensément. On dirige souvent la reconnaissance vers la maisonnette du père Reynard; on griffonne un rapport sur la table du cabaret. Mais ces escapades ne sont pas sans danger; c'est peut-être ce qui les rend piquantes. L'ennemi vous talonne quelquefois sous la figure d'un adjudant; mais une cravate noire que vous

---

(1) Louis XV portait à sa boutonnière une fleur de pomme de terre.

vous jetez sur le nez et des jambes de vingt ans mettent le limier en défaut. On use quelquefois d'un autre moyen, c'est de lui donner un os à ronger. « Garçon, un cou- » vert à monsieur. » Et monsieur comprend que le cours de gastronomie étant le seul qu'on ne puisse suivre à Saint-Cyr, *intrà muros*, de jeunes esprits, insatiables d'instruction, doivent le compléter au dehors. Aussi, à mesure que les bouteilles étanchent cette soif de connaissances, le convive surnuméraire modifie le protocole, et chaque toast consolide implicitement la capitulation. Les Fabricius qui n'ont de goût que pour les pommes de terre à la croque au sel, sont bien les barbares du siècle! Heureusement, dans ce temps de Villèle et de truffes, de Piet et de homars, les Fabricius sont rares.

§ 7.

SORTIE DE L'ÉCOLE. ADIEUX. COSTUMES NOUVEAUX. PANSEMENT CHEZ LE RESTAURATEUR.

Enfin le grand jour arrive, et le général, une longue liste à la main, vient devant le bataillon assemblé proclamer les élus. Quelle ivresse! On se félicite, on s'embrasse; pendant cinq minutes, les camarades sont tous des amis, des frères. Chacun s'intéresse au sort des autres autant qu'au sien. Et ceux qui sont choisis; quel moment pour eux! tout est fini; tout est oublié : piquets, prisons, ennuis, homélies, airs variés, omelettes et hommelettes. Le premier élan amorti, car rien ne dure dans cette vie, on pense à ceux dont la loterie administrative a laissé les noms et le numéro au fond de la roue de fortune. Il est dans l'ordre de les consoler et de faire chorus de lamentation et de plaintes avec eux. « C'est une injustice, c'est

» épouvantable! » car les pauvres diables que le destin condamne ainsi à faire une troisième année ne s'en prennent jamais qu'à leur mauvaise étoile. Eh! qui aurait le courage ou plutôt l'inhumanité d'en désigner en cet instant la véritable cause. Il y a entre jeunes gens, nous ne dirons pas trop de politesse, mais trop de délicatesse vraie et de générosité franche, pour aller au moment d'un triomphe aviver la plaie d'un pauvre *fruit sec* (expression consacrée), en lui jetant au nez une triste vérité. D'ailleurs on sait assez que là comme ailleurs la main qui tient la balance, vacille souvent, et souvent permet à une belle dame, à l'aumônier, au préfet, de donner au fléau le coup de pouce de la marchande de cerises de Montmorency.

Quelle nuit que celle qui précède la sortie! On sera donc libre! plus de grille qui vous arrête, plus de tambour qui vous éveille, et d'adjudant qui vous tire par les pieds quand il vous conviendrait de rester au lit la grasse matinée. Les galeries du Palais-Royal vous

verront piaffer avec l'uniforme neuf. On a
droit de faire tapage au café, d'y brûler ses
épaulettes de laine à la flamme du punch :
voilà le *nec plus ultrà* du bonheur. Aussi la
nuit se passe sans sommeil. Au lieu de dormir, on cause; on entasse, on improvise des
projets; on organise une dernière séance
gastronomique ; mais celle-là ne peut avoir
lieu que chez les plus fameux traiteurs. C'est
l'usage depuis que Saint-Cyr fut masculinisé :
les ermites qui en sortent ne font leur entrée
dans le monde que par l'arcade de Véfour
ou des Frères Provençaux. La plupart, au
sortir de celle-là, pour exprimer les sucs généreux de la digestion, courent vers une autre
que je vous laisse à deviner. Le matin arrive : on n'a pas fermé l'œil; des images
fantasmagoriques d'orgies, d'amours, de flacons brisés, de robes froissées, tachées par
le punch, ont tourbillonné devant vos yeux.
En toute autre occasion on serait horriblement fatigué; mais ce jour-là, quelle différence! jamais on n'a été si gai, si leste, si

alerte, si dispos. Avant de quitter ces murs où l'on est resté si long-temps, on embrasse à la hâte et avec franchise ceux qu'on laisse dans la geôle; on leur fait cadeau de tout ce qui tient au travail de l'école : on est toujours généreux dans ces momens-là. Et pourtant que de fois il m'est arrivé de sentir que dans les temps de liberté pleinière, il y aurait du plaisir à revoir ces instrumens sur lesquels on a pesté, baillé, sculpté « Au diable l'école! » A notre tour, nous recevons du roi, c'est-à-dire des contribuables, des cadeaux agréables pour tout jeune débutant militaire. Chaque élève est gratifié d'un sabre ou d'une épée, arme dont l'usage ou la pacifique oisiveté varie suivant les circonstances que se charge de colorer la logique de ceux à qui elle profite. Enfin la cage s'ouvre : les pauvres fruits secs, qui ont d'avance mis en œuvre le tailleur pour avoir le pantalon à bande rouge et à sous-pieds, ainsi que le bonnet à garniture d'argent, en sont pour leurs frais, et regardent avec un soupir, les élus, dont ils donneraient tout au monde pour partager le sort. Ceux-ci partent. Champs de Seine et Oise, vous voyez cent-cinquante sous-lieutenans prendre leur volée, et s'élancer à Versailles vers les *Gondoles* ou les *Accélérées*. C'est à qui s'éloignera le plus vîte du couvent de madame de Maintenon. Quelques-uns restent en arrière. Ceux-là ont des comptes à régler : c'est souvent ce qui arrive entre jeunes officiers qui ont leurs preuves à faire, et qui croient voir l'univers fixer les yeux sur le pommeau de leurs épées. C'est dans le bois de Satory, derrière la pièce d'eau des Suisses, près de la statue du chevalier Bernin, qu'ils font leur station. Heureusement qu'un jour comme celui-là, la férocité des jeunes champions, si chatouilleux sur le point d'honneur, ne passe guère celle *de nos représentans*. Les témoins ne veulent point la mort du pécheur; et le Véfour de Versailles se charge de panser les blessés, et même toute l'assistance.

§ 8.

LE CONGÉ.

—

Deux mois de congé suivent ordinairement la sortie de l'école militaire. Cet usage me convenait à ravir. De tout le laps de temps censé passé à l'école, ce fut celui qui me plut davantage. Chaque jeune officier faisait alors son Saint-Cyr dans sa famille. Quelle fête que le jour de leur arrivée. C'est peu d'avoir secoué la nauséabonde poussière des bancs ; une considération naissante s'attache à eux et les entoure d'une auréole de gloire. Jusque-là ils se sont cru des hommes ; à partir de ce jour, les autres le croient. Le beau sexe n'est pas le dernier à partager cette conviction. Vous voyez les grands parens, caresser, choyer, manger des yeux le futur général ! Mais l'admiration naïve, les pleurs, les chuchoteries mystérieuses des petites cousines, novices pour qui l'épaulette métallique est encore chose nouvelle, font une impression plus vive et plus douce. J'éprouvais cette jouissance, et, je le confesse, je m'y livrais avec tout l'abandon de mon âge; je promenais partout avec ivresse mon nouvel habit. Vous connaissez ou vous ne connaissez pas la soi-disant charmante boutade de Mlle Gay (Delphine), LE BONHEUR D'ÊTRE BELLE : il me semblait qu'on aurait dû chanter de même le bonheur d'être sous-lieutenant. Je savourais cette félicité à longs traits, et je ne m'en cachais pas : ma satisfaction devenait même du pédantisme; car, j'appelle pédant quiconque s'engoue de son métier, le croque note qui parle sans cesse double croche et quart de soupir; le poète qui devise sans cesse au salon de ses Harmonies et de sa lyre: le chimiste philanthrope qui, pendant l'air chanté par Pasta, veut faire goûter un échantillon de son bouillon économique. Mon grand-père, je ne sais si l'esprit de chicane d'un docteur *in utroque* s'était logé chez lui pendant mon absence, mettait son esprit à la torture et se creusait les lobes antérieurs du

cerveau pour critiquer mon costume. « Ce
» schakos, disait-il, c'est un tuyau de poële :
» votre habit étriqué et bariolé de couleurs
» est bon au plus pour un arlequin. Tenez,
» monsieur, » et il me montrait son portrait
fait dans les dernières années de Louis XV :
» Voilà une tenue décente, une tenue mili-
» taire! c'est l'habit d'un Champagne. Avec
» cela on a gagné la bataille de Fontenoy,
» on a lutté avec le grand Frédéric, on a
» conquis la Corse. Riez, riez, monsieur : les
» voltigeurs de Louis XV ont rendu la
» France plus grande; et qu'ont fait vos ha-
» bits courts? ils ont pris, c'est vrai, mais
» ils n'ont pas su garder. Où en êtes-vous
» en dernière analyse? Pas même à la
» France de Louis XV, à la France de 74.
» Eh! revenez à la France de 74; revenez
» aussi à son costume. » Puis arrivait l'inévitable ritournelle, *delenda Carthago* du baron : «La révolution a tout perdu.» C'était logique, sans nul doute, mais c'était la logique
de *la Quotidienne*; et moi, jeune, ne croyant

avoir ni époque ni condition à envier, je riais de plus belle et je songeais au plaisir.

C'est moi qui était l'âme et le boute-en-train de la petite ville qui eût été jadis seigneuriale résidence de mon aïeul. Mes prétentions à l'empire, à moi, se bornaient à l'organisation des bals, ou d'un pique-nique. Dans ceux-ci et dans ceux-là je brillais, j'étais ravi. Mais c'est au bal que je donnais la préférence. Là, plus d'yeux étaient fixés sur moi, plus de bouches s'ouvraient pour me louer. Que de mamans souhaitaient leurs fils à ma place, ou bien disaient à leur fille : « Il est charmant, il aura de la fortune, déjà » il a un état honorable; qui sait ce qu'il » peut devenir! c'est un jeune homme de » mérite. D'ailleurs, il a de grandes préten- » tions. Pas de doute qu'il ne fasse un jour » un officier distingué; de plus, il a un oncle » député, au mieux avec le ministère. Chaque » boule qu'il laisse tomber dans l'urne du » scrutin en fait sortir pour lui ou pour les » siens une place lucrative, et point fatigante.

» Il n'a de rival dans l'art de caser sa famille
» que M. Casimir-Périer, qui a placé treize
» cousins, gendres, etc., à la suite DES TROIS
» GRANDES. » Beaucoup de ces phrases, débitées *mezza voce*, arrivaient à mon oreille, et des clins d'yeux, des soupirs significatifs les assaisonnaient si bien qu'à moins d'être, je ne dis pas un novice, mais un sot, un aveugle et sourd, il était impossible de ne pas comprendre le but vers lequel gravitaient ces dames. Un vieux garçon, croyant que je ne devinais rien de ce qui se passait dans ces âmes semi-maternelles et semi-féminines, s'offrit charitablement à me commenter ces demi-mots, ces vagues éloges. Pauvre ci-devant jeune homme! que tu ressemblais à ces cicéroni en guenilles, dont Rome, Naples et Florence abondent, et qui auraient hardiment expliqué l'Apollon du Belvédère à Winkelman, ou l'inscription de Rosette à Sylvestre de Sacy!

A la vérité, l'amour-propre m'était permis; ma conduite était si impertubablement conforme aux règles de la bonne société, ma courtoisie, un peu copiée sur les us du vieux temps et sur les exigences de la province, était si bien répartie sur tout le monde, sur tous les membres du beau sexe, que la ville entière faisait de plus en plus chorus avec mes prôneurs domestiques. J'avais mes pleines poches de complimens pour tous les âges ; je graduais, je nuançais mes formules avec un art dont se serait honoré un gentilhomme de l'ancienne cour. Plutôt que de laisser la danseuse la plus surannée faire tapisserie, je m'immolais de la meilleure grâce du monde à cette momie en falbalas. Qui ne m'eût pas connu m'eût traité de classique, ou du moins d'amateur passionné des antiques. Il aurait eu tort : si cette espèce de dissimulation m'avait souvent semblé nécessaire en public, à huis-clos je m'en indemnisais ; et qu'importe ce qu'on pense ! Comme l'Amphiaraüs d'Eschyle, ou comme Caton, j'avais choisi pour devise : *Esse malo quam videri* (être, et non paraître). Chaque jour pour moi voyait se dérouler de nouveaux plaisirs; et mon congé, que d'abord j'avais regardé comme inépuisable, s'écoula pour moi avec la rapidité de l'éclair. Deux mois de franche gaîté, que c'est court! J'étais encore en train de former de nouveaux projets d'amusement, lorsque l'ordre de rejoindre me surprit. Ce fut comme le coup de canon qui, lorsque vous êtes sous le charme d'un rêve délicieux, vous réveille brusquement, et vous jette de rechef au milieu d'une sévère réalité. Je ne fus pas le seul à me plaindre de la rigoureuse exactitude des bureaux de la guerre, dont l'horloge indique, mieux que la nôtre, la fuite du temps. Peu s'en fallut que je ne fusse étouffé d'embrassemens, ou noyé dans une rivière de larmes. « Ne bois pas d'eau-de-vie, » disait ma cousine; « ne jure pas, » criait ma tante; « ne porte jamais de grandes moustaches, » soupirait ma mère; « et surtout, » ajoutait une petite cousine, « ne fume pas. » Que de conseils! que d'avis! J'aurais pu en céder à tout le régiment. Mon impitoyable grand-père,

en sa qualité de chef de famille, enchérit sur toutes les faiseuses de sermons, et me débita une kyrielle de morale, qui aurait formé un tome dix-septième et dernier aux œuvres du Père Bourdaloue. « Mon cher en-
» fant, soyez galant avec les dames, respectez
» vos chefs, fuyez les cafés, soyez économe,
» évitez les mauvaises compagnies ; sur toutes
» choses, ne jouez jamais, et ne perdez pas
» de vue le chemin de l'honneur. » Il m'aurait de nouveau développé ces articles fondamentaux du décalogue militaire, car ses soixante-cinq ans l'avaient rendu fort sur les principes, si le fouet du postillon ne lui eût coupé la parole. Il me donna deux lettres de recommandation pour deux anciens amis. Je lui jette, à travers la portière, une dernière poignée de main, et me voilà en route pour Thionville.

CHAPITRE II.

§ 1.

**DÉPART. LA VOITURE. MES RÊVERIES.
JE M'ORIENTE. JE DÉVISAGE
MES COMPAGNONS.**

Quand la nuit on s'embarque dans une de ces lourdes machines que tour à tour on a décorées des noms de diligences, messageries, vélocifères, et qu'on a le cœur gros de quitter des personnes que l'on chérit, on n'est guère tenté de prendre part à la conversation qui presque toujours égaie le salon intérieur des voitures publiques. Au contraire : on s'enfonce un bonnet de coton ou de soie noire jusque sur les oreilles; on s'entortille dans son manteau, quand on en a; on se laisse aller voluptueusement dans l'angle de la voiture, si tant est qu'on ait le bonheur de ne pas occuper le juste-milieu entre deux voisins qui réduisent la place que prend votre individu, au minimum, et sur les épaules desquels votre tête, rudement secouée par la cahotante baraque, va tomber périodiquement au milieu du babil de vos compagnons de voyage, babil qu'échauffent souvent de longs adieux commencés le verre à la main, et prolongés à la lueur multicolore d'un de ces punchs moins riches en sucre qu'en eau-de-vie, dont un conducteur à face rubiconde, prosaïque et joyeuse, vient prendre le dernier petit verre en vous annonçant qu'il y a cinq minutes de retard à cause de vous. J'éprouvais le besoin d'être tout à moi pour me livrer à ces rêveries fantastiques que suggère à la jeunesse un avenir couleur de rose. Peu soucieux du passé, encore moins du présent, je bâtissais des châteaux en Espagne, et mon imagination franchissait les distances avec une rapidité centuple de celle de la voiture. Ma tête vive avait déjà fait bien du chemin, et probablement qu'elle eût continué longtemps encore si j'eusse été à l'aise ou que le silence eût de temps à autre régné dans la diligence. Mais le moyen de se croire seul au milieu du bavardage de cinq individus qui vous étouffent, qui vous écrasent, et dont les langues infatigables, se relayant sans cesse, réalisent autour de vous le problème du mouvement perpétuel! Quelle extase résisterait à cette pression qu'exerce en tous sens sur vous ce que l'éclectique, germanique et mirifiquement soporifique Cousin appellerait le *non-moi*? C'est ce que je regarde comme impossible, surtout lorsqu'on se sent doué d'un caractère jovial et d'un esprit naturellement observateur. Courir le pays en diligence et rester muet, c'est une anomalie, une sauvagerie, une perfidie! Comment! Messieurs, vous refusez de poser devant l'auteur comique de *Sylla* et de *Bélisaire*! vous ne voulez point fournir de matériaux à la plume d'un *Ermite en voyage*! Je fis donc ce qui se fera toujours, tant qu'il existera dans cette *vallée de larmes*, comme le disait le gros martyr, évêque d'Amiens, Sossol, des yachts, des coches qui glissent sur l'eau, des pataches et des coucous qui vous cahotent sur la terre. Au troisième relai, je connaissais tout le monde, et tout le monde me connaissait. A droite et à gauche, j'avais deux jeunes gens, impitoyables rieurs par nature; en face, un bon vivant *pair* de famille, à ce qu'il me semblait, et, à ce titre de père, portant perruque; puis une vieille femme, radoteuse par tempérament, laquelle tenait sur ses genoux une cage habitée par des serins. Le vieux papa contait; je ne sais dans quelle vieille édition de Mathieu Lænsberg il avait puisé toutes les anecdotes, parfois un peu agrestes, dont il nous régalait. Tandis qu'il parlait, mes deux voisins, moqueurs et espiègles comme des singes, demandaient à chaque instant à la vieille des nouvelles de la petite ménagerie ailée. Elle n'avait pourtant plus cet âge, ou cette fine tournure qui font qu'un adolescent ou un échappé de collége s'intéresse prodigieusement au serin de la dame. Enfin, dans un coin, était blotti le complément de notre caque de quatre pieds cubes; c'était un énorme autant qu'épais Flamand, gros sac-à-bière retiré du commerce après avoir fait fortune rue de la Cossonnerie, quartier des Innocens. Celui-là eût pu hardiment servir de type à la galerie des grotesques : sa mise, sa tournure, son encolure, sa volumineuse et plate figure, et, j'en avais déjà la certitude sans l'avoir vu marcher, son allure, annonçaient un de ces farceurs massifs qui croient avoir de l'esprit parce qu'au milieu de provinciaux encore plus sots qu'eux ils lâchent de temps en temps quelques quolibets au gros sel, dont ils rient un quart d'heure avant et une demi-heure après. Ce ventru était le point de mire de nos étourdis, qui ne cessaient de tirer à boulets rouges sur l'ex-négociant.

§ 2.

UN ÉCHANTILLON DE PERSIFLAGE. L'ANISETTE SUR LA ROUTE DE BORDEAUX, OU LE DANGER DE BOIRE SEUL EN SOCIÉTÉ. LES SERINS.

« Auriez-vous joué la comédie par hasard? —Votre emploi était sans doute dans les ballets?—non, plutôt dans les doublures.—Aujourd'hui vous pourriez jouer les pères nobles.—Convertissez-vous à la doctrine; faites-vous Saint-Simonien. Vous pourriez tout comme un autre vous faire pape adjoint. Si vous n'êtes Enfantin, au moins peut-être vous deviendrez Beaud. En attendant, vous avez de l'argent : allez trouver le père Olinde Rodrigues; il vous recevra, vous, votre abdomen et votre caisse, à bras ouverts. Savez-vous ce que c'est qu'un abdomen?—Il est comme M. Jourdain, il a un abdomen sans le savoir. Un abdomen est une capacité qui peut servir d'unité de mesure au grand jaugeur des capacités intellectuelles ; les ministres aiment à s'entourer des capacités de ce genre : ce sont elles qui emportent les lois à la Chambre; celle du budget surtout est bien digérée, » et mille autres goguenarderies de cette façon. A cela, le marchand, feignant de comprendre ce dont à peine quelques mots traversaient la rugueuse écorce de son cerveau, répondait par un gros rire de bourgeois du Pont-aux-Choux, de ces rires mats et pâteux qui sont loin d'annoncer un génie prêt à crever son enveloppe; de plus, sans doute par suite de quelque vieille habitude contractée à Ostende ou à Bruges, le Flamand s'était muni d'un flacon d'anisette avec lequel il faisait souvent de longs *à parte*, et dont le parfum embaumait notre étuve à six places. Nous fûmes bientôt ennuyés de voir l'égoïste la caresser à chaque instant sans nous en faire part, ne fût-ce que pour la forme, comme les maris veulent caresser leur femme ou le baron Louis Miss T***. Nous conspirâmes bien vite contre la bénigne liqueur. A peine le glouglou se fait-il entendre, qu'un des jeunes gens, avec cette hardiesse qu'autorise l'obscurité, porte la main sur la bouteille, et lui fait faire la bascule de manière à en arroser cette caricature ambulante.—« Pardon, monsieur, quelle heure » est-il s'il vous plaît ? »—« Dix heures, mon- » sieur, » lui répond le marchand avec un calme imperturbable, tout en s'essuyant d'une main et en tenant la bouteille de l'autre. A l'aplomb avec lequel il répondit, on eût dit qu'il tenait une montre à répétition dans la main. Dix minutes après, ce manège est répété par l'autre étourdi; mais toutes ces ruses n'aboutissent qu'à faire perdre au buveur quelques gorgées du spiritueux liquide. Comme il était décidé que le contenu de la bouteille servirait à lui frictionner la face, il fallut avoir recours à d'autres voies exécutoires. On fait semblant de dormir, et, au moment où le marchand allait, pour la vingtième fois s'humecter le gosier, on s'éveille en sursaut; un mouvement néphrétique fait danser la bouteille qui inonde le propriétaire de la tête aux pieds : « Mille pardons, » monsieur. »—«De rien, monsieur, » répond-il avec son phlegme inamovible; et il présente le flacon à la douteuse lumière d'une lune presque complètement voilée par les nuages, en élève le fond à la hauteur de son œil, et l'agite pour que la réflexion opérée à la surface du liquide lui révèle la quotité du déficit. « De rien, » répète-il, puis il tape sur le bouchon d'un air goguenard et décidé qui équivaut à un sarcasme, et qui signifie : « Il en reste encore, il y a encore de » quoi. » Ce n'était pas le compte des rieurs. « Quelle odeur,—quelle infection ! Pouah ! il » est impossible d'y tenir;—je veux descen- » dre. Conducteur...! » Ces plaintes ont bientôt de l'écho. La vieille, qui s'imagine *encore être femme*, croit qu'il est de la dignité de son sexe de se trouver mal, c'est-à-dire de se pâmer. En conséquence, elle s'évanouit. Bonne femme, ils vous auraient embrassée dans leur reconnaissance de vous voir seconder leurs projets ! « Conducteur, » vite, vite, du secours! de l'air! baissez les sto- » res. » Voilà toute la diligence sens dessus dessous ; dans le désordre, la cage roule jetée par un de nous sur les genoux du Flamand qui cherche à s'en débarrasser; pendant qu'il est tout à ce soin, un des jeunes gens extrait délicatement la bouteille de la poche de la voiture, et l'envoie, sans qu'on s'en aperçoive, faire des libations sur la grande route. Au même instant, les serins effarouchés mettent à profit cette liberté provisoire, suite de la révolution..., ou plutôt, un de mes étourdis, en simulant des inquiétudes pour la dame, et en jouant d'une main autour des stores, tire les pauvres oiseaux de leur cage, leur donne, c'est le mot, la clef des champs, enfin les force à être libre, ce à quoi je pense ils ne songeaient guère plus que les Bruxellois le 20 septembre. « Ah! mon Dieu, dit le

» marchand, il n'y a plus de serins dans la
» voiture. » A ces mots, la vieille, dont l'éva-
nouissement avait résisté à des flots d'eau
de Cologne et au sel d'Angleterre d'une dame
du coupé, revient précipitamment à elle, comme la Christine des *Brioches à la mode*. « Mes
» oiseaux! courez, arrêtez, postillon! conduc-
» teur! » Peine perdue, postillon et conducteur n'écoutent plus rien; ils ont entendu
derrière eux le bruit des grelots et les fer-
remens de la voiture de concurrence qui les
talonne et qui va les atteindre. Il s'agit de
l'honneur de l'administration; il faut garder
ses avantages et arriver avant elle, dût-on
faire de la feuille de route un registre mor-
tuaire. Ce n'est plus dans l'intérieur qu'un
concert de gémissemens, de plaintes et de
reproches adressés au marchand, lequel n'en
peut mais, et proteste de son innocence.
C'est égal, il entend pleuvoir sur lui les épi-
thètes de sac-à-vin, peau de bouc : on eût
dit au choix de ces expressions toutes loca-
les, que la vieille avait fait la campagne d'Es-

pagne de 1808, où nos braves, en vidant les *outres* de Malaga, disaient qu'il faisaient passer ce vin délicieux d'outre en outre.

Il y aurait bien un moyen tout simple de mettre un frein à ce cataclysme d'injures, ce serait de payer les serins. Mais pas si bête! le marchand consentirait plutôt à subir le sort du roi de Phrygie dont il a les oreilles, qu'à lâcher la moindre parcelle du métal qui, depuis le temps de feu Danaé, fut en possession de fléchir et de désarmer les belles. Peut-être aussi avait-il peur, qu'au principal, qu'un autre aurait offert, mais que le capitaliste retiré se garde bien de jeter dans la fosse aux lions, la plaignante ne voulût ajouter des centimes additionnels.

De temps à autre seulement il dirige vers le gousset intérieur de sa culotte à grand pont une main que l'usage de l'aune a rendue calleuse, et dont la teinte irisée, rivale du spectre solaire décomposé, accuse toutes les nuances des draps qu'il a surfaits pendant sa vie. Nous voyions distinctement au mouvement du haut-de-chausses, que ses doigts, au lieu de prendre dans la bourse une fiche de consolation pour la victime femelle de nos malices, serrait convulsivement les cordons de l'escarcelle, et en caressait les contours comme s'il eût craint que les *jaunerets* (1) ne prissent la même route que les canaris. *Justum et tenacem pecuniæ virum*, murmuraient tout haut nos deux espiègles qui pouvaient sans crainte berner en latin le brave homme, qu'ils n'avaient pas déjà si mal berné en français.

La finale de *virum* fut la seule chose qui frappa l'infatigable buveur. « Du rhum, mes- » sieurs? non : c'est de l'anisette de Bordeaux. » — « Achetée à Paris... tirée en ligne directe des » arches d'Auteuil. » — « Messieurs, vous êtes » dans l'erreur, voyez plutôt l'étiquette. » Et il porte avidement la main à la poche de la voitu-

---

(1) *Jauneret*. Expression technique pour désigner une pièce d'or, chez tout ce qui fait l'article depuis la rue de la Planche-Mibray jusqu'à celle Notre-Dame-de-Recouvrance.

re, se promettant de vérifier l'authenticité de la liqueur gasconne; et sa main impétueuse ne ramène que la toque *poivre et sel* (grise) du conducteur. Stupéfaction! courroux! « Ma bouteille, conducteur! » et il bouche de sa tête le store qui semble alors un œil de bœuf; « où est ma bouteille? »—Alors un de nos espiègles :— « C'est peut-être le serin de » madame qui l'a emportée pour charmer les » ennuis du voyage; oh! ça s'est vu. Il y a des » serins qui boivent l'anisette; n'est-ce pas, » monsieur? » et il me donne un coup de coude. — « Oui, et même en voiture. »

De son côté, le conducteur criait à nous fendre la tête : « Comment, monsieur, est-ce » que ce n'est pas vous qui avez jeté la bou- » teille sur la route; j'ai cru qu'elle était vide » et que vous l'envoyiez se remplir à Bor- » deaux. » Enfin, l'*alibi* de la bouteille d'a- nisette comme des serins étant dûment et suffisamment constaté, l'amateur de rafraî- chissemens s'aperçut que le plus grand se- rin n'était pas parmi ceux qui s'étaient envolés, et eut le bon sens de ne plus nous amuser en se lamentant sur cette perte, si bien faite pour l'altérer. Mais il nous lançait des regards de Gorgone, et nous faisait une grimace qui aurait effrayé des enfans de chœur. « Monsieur, vous nous faites une mine bien sèche. »—« C'est vrai, dit l'autre, sèche comme sa conversation. »—« Messieurs, leur glissai-je à l'oreille, « dites-donc sèche comme son gosier ». C'est ainsi que sans avoir pris part à l'espièglerie, je ne pouvais m'empêcher de faire chorus avec les espiègles. Il est donc écrit qu'il y a des tournures qui appellent la mystification, comme certaines figures le soufflet, et qui forcent le plus pacifique à prendre lui-même un coin de la couverture pour les berner.

§ 3.

LE DEJEUNER.

—

La vieille était en train de mouiller le troisième mouchoir tiré de son sac de nuit, quand,

L'aurore aux blonds cheveux, au visage vermeil,
Ouvrant à deux battans les portes au soleil,

darda ses rayons violets et roses sur la couenne huileuse de notre Flamand. Les fréquentes ingestions d'anisette auraient à elles seules communiqué un rouge vif aux bourgeons épanouis sur cette face de pachyderme; *mais la triple* aspersion qui, *grâce à nous*, avait rafraîchi sa figure, avait produit l'effet d'une double couche d'huile lithargyrée, que recouvre un encaustique. Les fortes prises de tabac qu'il laissait couler sur une barbe de huit jours (absolument comme l'achinal du Louvre laisse couler les gravats), de ses naseaux immenses, sans doute faits aux dépens du classique Edouard Gibbon (dont madame du Deffand, aveugle, prenait la figure vérifiée à tâtons, pour la face qu'on présente aux apothicaires) (1), donnaient à sa physio-

(1) Madame du Deffand était dans l'usage, vu sa

nomie l'aspect d'un bloc de granit bigarré qu'aurait sculpté le marteau limousin du tailleur de pierre. Je ne dis rien des vestiges gluans par lesquels le liquide attestait encore son passage sur sa cravate jadis blanche, sur son jabot de madapolam à gros tuyaux, et sur son gilet de bouracan à côtes. Le tout ensemble était un vrai cataplasme. Le pauvre diable était si peu appétissant, qu'à table, c'était à qui ne serait ni près, ni en face de lui; chose un peu difficile, à moins qu'on ne laissât vide la moitié de la table d'hôte. Enfin le Paria néerlandais, ne pouvant nous atteindre d'aucune façon, assouvit sa vengeance sur les côtelettes de veau et les œufs pochés. Si la nuit porte conseil, un déjeuner

---

cécité, de demander aux personnes qu'on lui présentait, la permission de passer les doigts sur leur figure, afin de connaître leurs traits. Le jour où elle explora ainsi la tête joufflue et ronde d'Edouard Gibbon, dont le nez sans proéminence se réduisait aux fosses nasales, elle s'écria, en appliquant une claque sur ce qu'elle ne pouvait prendre pour un visage: « Monsieur, quelle infâme plaisanterie ! »

passable vaut mieux que le manuel d'Épictète pour bronzer l'âme de stoïcisme. En remontant, je vis que l'une et l'autre victime avait pris philosophiquement son parti; la vieille avait fait mettre sur l'impériale la cage dont la vue ne pouvait que doubler ses ennuis. L'honnête marchand s'était lavé à grande eau, et sa cravate, faute de mieux, avait subi la lessive du gascon; son col était rentré; le jabot, primitivement tourné à gauche, avait été rejeté à droite; le gilet à la propriétaire avait été boutonné en sens opposé. Cependant ses yeux lançaient encore des éclairs; mais le vin, absorbé pendant le déjeûner, y avait au moins autant de part que l'indignation.

§ 4.

LE CONTEUR. VOLTAIRE-CALOTTE. LA FANFARE DU JUGEMENT DERNIER. LES CHIENS MAJESTÉS.

Il nous restait encore quatre heures avant d'arriver à Verdun; quatre heures, quand on ne peut en égayer le passage par des espiègleries, sont longues à passer. C'est l'homme à perruque qui se chargea de nous faire illusion sur la lenteur de l'aiguille à parcourir le cadran. Jusqu'alors il était resté personnage muet; il était juste qu'il s'en dédommageât. Il connaissait Verdun à fond; il savait la biographie scandaleuse sur le bout du doigt : c'était un mémoire ambulant, mémoire sans fin, comme ceux de madame Stéphanie-Félicité Ducrest de Saint-Aubin, comtesse de Genlis, décédée de son vivant. Il grillait de nous en donner un spécimen. L'échantillon nous fit prêter l'oreille, et souhaiter qu'il continuât ses extraits. C'est ce qui n'arrive pas toujours à ceux qui lisent dans le feuilleton du JOURNAL DES DÉBATS, voire dans la REVUE DE PARIS, un article que le signataire XXX, ou tout autre inconnu, intitule, en se caressant le menton, sans doute, PREMIER ARTICLE. Car quel lecteur, fût-ce le savonnier rentier, portier ou pépiniériste, qui lisent depuis le TEMPS, *journal des progrès*, jusqu'à DE L'IMPRIMERIE *de Lebrun, rue Richelieu*, n° 92, y compris les annonces et la guerre des pharmacies Anglaise et Colbert, à l'endroit de la salsepareille; quel lecteur, dis-je, n'a bâillé, par anticipation, à la perspective d'une demi-douzaine d'articles invariablement consacrés au même sujet, et qui reviennent à commenter la *Belle marquise, vos beaux yeux me font mourir d'amour* : *Marquise belle, d'amour me font mourir vos yeux beaux*, etc., etc., etc. Voyez Molière, *Bourgeois gentilhomme*.

Si le narrateur ne prodiguait pas dans ses récits le sel attique de l'esprit, il y jetait à pleine main le poivre tout provincial de la médisance; et, somme toute, son épopée satyrique, érotique et comique était si bien épicée, que nous en riions à cœur joie. Nous nous plaisions surtout à suivre de l'œil le jeu des muscles de sa figure, qui dénotait à chaque sarcasme qu'il lançait, de la conviction et de l'intérêt. Soit qu'il nous parlât des peccadilles galantes de la jeunesse, soit qu'il se moquât des coups de canif conjugaux que se permettent les sucrées Verdunoises, et de l'excellente complexion des maris indigènes, maris-modèles dont quelqu'un sans doute aura été le *Bélan* de Kock une fois décidé à faire son dernier roman (1); sa physionomie disait à tout bon entendeur : *J'en ai mangé*, absolument avec l'onction de Bridoison lorsqu'il dit : « Un pâ-âté ! je » sais ce que c'es-est. »

Quoique l'aîle de Mercure lui eût enlevé en passant ses cheveux, comme le zéphyr en se jouant disperse la paille, le sommet de ses oreilles se couronnait de deux touffes de cheveux dont les pointes s'harmoniaient avec ce toupet menaçant qui caractérise un Hercule bon chasseur autrefois. Ces traits s'animaient volontiers; et quand une malice lui revenait à la mémoire, on voyait s'aplanir et disparaître certaines rides qui, si l'on en jugeait par son ton égrillard, étaient

(1) Ceci s'écrivait le 15 octobre (jour de l'annonce du Cocu).

sans doute la conséquence de quelque péché mignon aussi bien que de la vieillesse. Le déficit que comblait la perruque devait avoir été occasioné par mainte et mainte de ces fredaines qui causent encore d'autres déficits dans la bourse des jeunes gens. Il était clair que la déesse des jeux, des ris et des amours avait d'un de ces coups de pieds qui font sourire l'ombre de Cullerier, opéré dans ses gencives ce que Louis, Philippe Dupin, Périer et compagnie mendient de toutes les cours de l'Europe, le désarmement général.

« Verdun n'est pas bien gai, disait-il; on s'y amusait jadis, de mon temps, quand j'étais jeune homme; aujourd'hui les missionnaires y font des prodiges en attendant qu'ils y fassent des miracles, ce qui ne peut manquer, pour peu que les entrepreneurs de la croix de Migné leur donnent un coup de main. Ces bons pères sont d'une habileté parbleu étonnante, à s'emparer de la moindre circonstance. Le fait le plus indifférent est enregistré dans leurs *Victoires et conquêtes* comme s'ils tiraient au volume. Un brave homme qui, en 93, avait brisé à coups de marteau une vierge, vu que la convention avait décrété, que, sous la république, il ne devait y en avoir d'aucune espèce, pas même la déesse Raison (car Robespierre n'avait pas encore reconnu l'Être Suprême et l'immortalité de l'âme), s'enivre pour la trois millième fois après l'événement (c'est-à-dire, vu qu'il se grisait deux fois par semaine, trente ans après l'attentat commis sur la mère du Seigneur). En cet état, il s'endort solitaire au coin du feu, y roule, y meurt. « Eh bien! ces flammes, s'écrient » les prédicans, sont la prolongation du feu » des enfers impatiens de le dévorer. C'est » le doigt de Dieu qui a battu le briquet; » c'est l'ange exterminateur qui a tiré le vin » et posé le *piché* sur la table. » Ah! c'est bien le cas de dire : *Pede pœna claudo*. La justice divine, puisqu'il est prouvé que c'est elle qui a brisé cet iconoclaste, n'a ni les chevaux du colonel Osbalderson, ni même les jambes du vélocipède Rummel. Talleyrand, près d'elle, est comme un lapin près d'une tortue. En trente ans, on sait combien de fois il attrape son monde. Les missionnaires ne firent pas de ces réflexions qui puent le bon sens. Lorsqu'ils entendaient risquer un mot de ce genre : « C'est Voltaire » qui a écrit cela », s'écriaient-ils. — « Mais, » mon père, Voltaire était mort, que le Sca- » pin de la diplomatie, qui aujourd'hui nous » traite comme Géronte dans le sac, sautait » les murs du séminaire pour rendre visite à » la fille de son restaurateur. » — « Vous êtes » un athée, je dis plus, un huguenot. » Trente sermons, tous plus stupides et plus écumans les uns que les autres, commentèrent le miracle. Le Jozon de la troupe en vint à dire que le diable était venu exprès à Verdun pour prendre une âme qui lui était dévolue depuis long-temps. D'aucuns, voyant l'apôtre tenir à la ville, comme poix à manique de savetier, et s'y fixer, vous diront que l'esprit immonde n'en est pas sorti.

» A propos, connaissez-vous les tenans et aboutissans d'une conversion qui a fait un bruit étonnant. Oh! non, il est impossible que la trompette de la renommée ait porté la comique aventure jusqu'à vous : je n'ai pas encore donné ma version à la gazette du département. Vous allez rire. »

Et le jovial conteur fit une pause, rit lui-même de manière à faire retentir les parois de la machine roulante.

« C'est vraiment curieux, » reprit-il, après qu'il eût donné un libre cours à sa gaîté individuelle; car rien ne dispose moins à rire que ce préliminaire provincial : *Vous allez rire !* « Je tiens le fait de la servante. Sa maîtresse l'a mise à la porte : comme c'est un joli brin de fille, je l'ai prise, moi qui vous parle, à mon service. Je suis garçon, il faut que vous le sachiez, et je change souvent de servante ». Ici, il rit plus fort. Un de mes voisins me dit : « Apparemment il les prend
» pour tout faire; et les pauvres filles s'en-
» nuient de voir que pour tout faire, il faudrait

» faire tout. » Le ci-devant jeune homme continuait. « Madame la comtesse de L...alle pouvait passer pour la galanterie incarnée sous forme féminine : c'est une assez jolie personne. Elle (je ne dis pas elle seule, il faut rendre justice à tout le monde), elle avait au suprême degré le rare talent de mener de front une demi-douzaine d'intrigues sans que d'autres, que les intéressés, dont chacun se croyait le seul favori, s'en aperçussent. Elle avait dernièrement passé en revue tout l'état-major d'un régiment ; elle en était aux sous-lieutenans, quand l'idée lui prit d'en garder un pour la clôture, et de se l'approprier tout-à-fait. Ce mortel heureux était un maître-gaillard à larges épaules, à reins carrés, à constitution athlétique, tout juste ce qu'il fallait pour accomplir le treizième des travaux herculéens que tôt ou tard ne pouvait manquer de lui imposer la comtesse. Pour bien l'amorcer, la noble dame lui tenait la dragée haute. L'officier n'était pas sans savoir que ses devanciers n'avaient pas fait antichambre.

» Un jour le mari va pieusement à la cathédrale entendre une de ces conférences où le prédicateur met là son bonnet et dit : *C'est Voltaire ;* puis argumente, puis crie : *Réponds, Voltaire ? Tu ne dis mot, Voltaire. Vous le voyez, très-chers frères, la force de la vérité cadenasse la bouche à Voltaire..... Enfoncé Voltaire !...* Où en étais-je ? Ah ! une conférence, un mari qui laisse là sa femme pour assister au dialogue ; et la femme, vous le devinez, qui en médite aussi une conférence, et qui donne rendez-vous au soupirant. L'Alcide mandé accourut, et, soit qu'il crût de son honneur de glaner où avait moissonné le régiment, soit qu'il fût un peu amoureux, ou bien un peu animé par le nectar à quinze, il devint on ne peut plus pressant ; il voulait, séance tenante, *hic et nunc*, comme eût dit Guizot principal de collége, de l'amour positif, palpable. Son imagination se monte. « Parbleu, madame, il y a trop long-temps » que ces façons durent ; il m'en faut d'autres,

» et quand la trompette du jugement dernier
» sonnerait, il ne sera pas dit que moi seul... »
La dame était à moitié renversée sur une
ottomane, souvent foulée, et le sous-lieutenant allait pousser plus loin son dilemme,
quand... tra tra tra, triii, atati! atati! atata!...
une reprise de fanfare se fit entendre de
dessous le canapé. La dame, faible sous plus
d'un rapport, crut l'enfer à ses trousses, et
dans l'épouvante qui la saisit, elle fit les
vœux les plus fervens de se convertir, et de
n'avoir plus d'autre amant que Jésus, et peut-
être ses vicaires, sur la terre. Elle a tenu parole, et le militaire n'a plus rien eu désormais
à démêler avec elle. Mais l'officier, qui ne
croit pas au miracle, quoique pour avancer
en grade il lui faille encore faire semblant de
croire en Dieu, jure comme un Templier, ou
comme l'auteur de la Charte, et veut, faute
de mieux, approfondir ce mystère. Qu'est-ce
qu'il aperçoit? un trompette de son régiment, que la servante, surprise par sa maîtresse, n'avait pu guère mieux dissimuler

que Mme la Baronne Dupuyt..., qui, comme on sait, est quelquefois si troublée par son casse-bras de mari, qu'elle en oublie un homme dans son lit. Le trompette, sentant l'heure de la retraite se passer, avait saisi l'à-propos fourni par son lieutenant, pour se rendre aux devoirs militaires, en interrompant une conversation dont les préliminaires faisaient présager l'intérêt et la longueur. L'officier alla conter l'aventure au café, le trompette à la caserne, la servante aux voisines. Tout le monde le sait, excepté le mari, qui lira cette aventure dans le journal, en fera des gorges chaudes, se frottera les mains, peut-être le front, et l'appliquera (je suis loin de prétendre qu'il ait tort), à vingt autres, dont la prédestination n'est ni moins complète, ni moins constatée que la sienne, l'expliquera sans doute, mais se gardera bien de deviner ce qui n'est une charade que pour les maris. »

L'aventure de la comtesse convertie acheva de nous mettre en belle humeur. Le marchand lui-même en rit; la vieille en pleura. Je présume que c'était de plaisir : car quelle femme ne regarde comme le premier de tous les plaisirs celui de mettre en pièce ses pareilles? « Il faut convenir, dit-elle, que » si cela est vrai, le publier à son de trompe » n'est pas charitable; » et la quinquagénaire essuyait ses petits yeux bordés d'écarlate, autour desquels semblait s'être condensée toute une atmosphère de nuages lacrymaux. « Moi, charitable! » répondait le vieux garçon aux jeunes, sans tenir le moins du monde compte de l'état hygrométrique des prunelles de son interlocutrice, « ah! Madame, j'ai » payé pour n'être pas charitable; je renie mes » compatriotes; je les déteste... » Un de mes voisins me soufflait à l'oreille : « Thémisto- » cle chez le grand roi... » « Il y a plus: je veux emboucher la trompette de la publicité et le cornet à bouquin du scandale. Vous ne savez pas que j'ai été dénoncé, que je ne suis plus l'adjoint du maire. Non, Madame, non, je ne suis plus rien, grâce à notre camarilla, à nos Baziles en habit court : on a beau les chasser, il y en aura toujours. Oh ! c'est curieux ; mais cela vous ennuierait : le fait pourtant a quelque chose d'original. » — « Non, » Monsieur, quand on narre comme vous on » n'ennuie jamais. Dites, dites, nous vous en » prions. » Il n'était pas plus besoin d'insister auprès du voyageur qu'auprès de ce poète doctrinaire qui vous a lu vingt fois dans une soirée l'ÉPITRE AUX MULES DE DON MIGUEL. Il était en verve ; nous avions rencontré son faible. Après s'être recueilli un moment, il vint au fait.

« Il est nécessaire que vous sachiez qu'au dernier passage du roi je fus décoré, d'abord parce que j'étais adjoint du maire, puis parce que Mme de C*** (son mari, à force de faire des actes pour les nobles, s'est trouvé un matin noble de par sa terre et par lui) a fait la toilette de la jeune fille qui a débité le compliment, puis parce que j'avais prêté des tapisseries pour l'arc de triomphe, puis enfin parce qu'il fallait en donner, *des décorations*. Ma croix me fit des jaloux. Chansons, pamphlets, paraissaient à la file les uns des autres; c'était un déluge de refrains satyriques. Moi, comme le héros de *la Villéliade*, ou comme les automates que stigmatise *la Némésis*, je tenais tête à l'orage, et je m'*incrustais* dans ma chevalerie; je riais des rieurs, et même je méditais en réponse une chanson dont le refrain était : *On vous en ratisse, tisse, tisse,* etc., quand trois mois après ma promotion une destitution *brutale* m'apprit que j'avais été dénoncé. Furieux de cette infamie, je fis des démarches auprès d'un de mes amis, puissant à la sous-préfecture, qui me répond par l'envoi de la copie d'une dénonciation ainsi conçue :

Verdun, ce... 18

Madame,

« *La religion* du roi a été surprise; l'homme à
» qui S. M., lors de son passage dans notre ville,
» a donné la croix, en est indigne; c'est un jaco-
» bin, il ne va jamais à la messe qu'avec le con-
» seil municipal ou avec la garnison, pour enten-

» dre la musique; de plus, il a donné dans la
» révolution (Voy. *Moniteur* du 24 frimaire an 1);
» il va au café des libéraux, et ne veut d'aucuns
» Bourbons, quelle que soit l'étiquette du sac. »

»En marge était écrit de la main d'un fonctionnaire, à l'encre rouge : « *A destituer, sur-*
» *veillance.* »

»Plus de doute, j'étais un révolutionnaire,
un niveleur, c'est-à-dire j'avais des jaloux et
j'avais été desservi. Ce qu'il y avait de plus
cruel, c'est que l'on rejetait sur moi tout
l'odieux d'un trait dont l'auteur avait, par
un tour de passe-passe trop fréquent de nos
jours, assumé l'honneur et retiré le profit.
Voici comment :

»En 92, M. M*** et moi nous servions dans
la garde nationale, même compagnie, capitaine Pichaut, 3ᵉ bataillon, section D. Je me
le rappelle à merveille; j'étais premier lieutenant et M*** soldat. A cette époque, quoique nous n'eussions ni sac, ni bonnet à poils,
ni même de moustaches, nous n'en faisions
pas moins un service très-pénible, une fois

par mois à la mairie pour garder les registres de l'état civil, ou bien à la porte de M. Brutus, autrefois cuisinier chez l'évêque (car Verdun a l'honneur de posséder une cathédrale et un palais épiscopal), et alors président du comité de salut public. Il y avait à cette époque à Verdun un pauvre diable, nomade directeur d'un spectacle qui aurait fait le charme de tous les jean-jeans d'une garnison : ses acteurs étaient des chiens dressés à faire l'attaque d'un fort en carton qui servait à la fois de théâtre, de scène et de décors. La bande aboyante était répartie en deux sections, dont l'une montait à l'assaut tandis que l'autre défendait opiniâtrement cette petite citadelle, que l'on est prié de ne pas confondre avec celle d'Anvers, qui devait être réduite par nos grands hommes en bottes fourrées de velours, en socques et à estomac jujubivore. Le chef de la troupe cynique avait voyagé dans tous les cercles de l'Allemagne, et, tout plein de ce qu'il avait vu et entendu dans ses excursions, il avait affublé ses acteurs d'uniformes de tous les pays qu'il avait visités. A son avis, c'était le moyen de faire sa cour à *la nation*, si bien que, même par une galanterie toute républicaine, il avait baptisé chacun de ses jeunes premiers, de ses pères nobles et de ses *utilités*, de rois de Prusse, de Suède, d'Angleterre, d'empereur d'Allemagne, de grands-ducs de Hesse, etc.

» J'en étais à ma dixième garde, lorsqu'un jour, à la tête de quelques-uns de mes hommes, je rencontre les acteurs quadrupèdes qui donnaient une représentation en plein vent. Comme à cette époque la garde nationale était bien loin de cette perfection que lui ont donné les passepoils rouges, les cordons de schakos et l'aigrette jaune, je fais arrêter mes *bisets*, mes jean-jeans-citoyens pour prendre part au divertissement. Tout à coup un homme de ma garde s'élance hors du rang ; c'était M***, ivre à ne pas se tenir, et voyant double ; il s'imagina que des centaines d'agens de Pitt et Cobourg étaient là.

« Comment, Lieutenant, dit-il en beuglant
» comme un taureau, vous souffrez que l'on
» prostitue ainsi notre habit. Tenez, en voilà
» deux, et il en montrait un, le roi de Prusse,
« qui ont l'uniforme national. A moi, cama-
» rades, assommons tous ces aristocrates-là. »
En un clin-d'œil, mes hommes, presque aussi
bien lestés que M***, se débandent, chargent
à la baïonnette les contre-révolutionnaires,
frappent, taillent, tuent, dispersent les majestés, les altesses, les excellences, qui, tout
épouvantées, s'enfuient comme les Prussiens
à Valmy et Jemmapes, à Jemmapes et Valmy, etc., dans les rues de Verdun, en poussant des hurlemens affreux. Une des bonnes
têtes de la ville s'écrie qu'ils sont enragés;
chacun d'en dire autant : on cite même les
habitans mordus. Quelques coups de fusils
achèvent de troubler la ville. La capitale du
Verdunois est bouleversée; on bat la générale; la garnison prend les armes : enquête,
plainte, rapport, tout arrive à la fois. Le lendemain, je fus fort étonné d'apprendre qu'au

nom du comité de salut-public, on me votait des remercîmens pour ma belle conduite et mon patriotisme. Ne dirait-on pas qu'on me devait l'expulsion d'un roi bipède. Que n'instituait-on, puisqu'on était en train, une fête en l'honneur de ce nouveau triomphe, un *Regifugium*, comme les Romains en établirent un, dit-on, après l'exil des Tarquins. Et moi aussi, j'avais sauvé la patrie. C'est ainsi qu'aujourd'hui le moindre empoigneur, bedeau, mouchard ou sous-mouchard, sauve la monarchie du 7 août. Voilà les hommes !

A présent, faut-il vous dire la vérité ? je n'avais pas même assisté à la déconfiture complète du malencontreux théâtre. Plus leste, malgré mon uniforme et mon schakos, que les artistes dramatiques qu'emmaillotaient des costumes impériaux et royaux, je m'étais esquivé sans encombre. Je reçus l'honneur que je n'avais pas mérité ; je ne réclamai point. A quoi cela m'eût-il servi ? à m'affubler d'un procès à la première occasion, à faire dire à M*** : « il a trahi la cause » du peuple; » à faire crier par l'accusateur public de Verdun, devant un de ces tribunaux révolutionnaires qui avaient du moins le mérite d'expédier les affaires et les gens : « il a » refusé les témoignages de la reconnaissance » nationale. » D'ailleurs, il est toujours doux pour l'amour-propre, dans ce siècle où les augures ont perfectionné l'art de se regarder sans rire, de pouvoir se classer parmi les sauveurs. Voilà sans doute pourquoi les princes absolus dans l'antiquité prenaient ce titre de sauveurs, témoin, Ptolémée Soter! Antiochus Soter : Cicéron, à son tour, ce poète qui a fait résonner.

O fortunatam natam me consule Romam!!! (1)

s'intitula, en plein sénat, le père et le libérateur de la patrie. Chaque jour, depuis la restauration, on restaure ainsi l'autel et le

(1) O sous mon consulat, heureuse d'être née, Rome!!!
   Trad. Hugoïde des *poèmes* de Cicéron.

trône, et si quelque matin l'autel et le trône chavirent encore sous le coup de poing national, ne doutez pas que quelque beau trafiquant en paroles, en sortant de sa cave, ne trouve chaussure à son pied, et ne dise: « je » suis votre sauveur. »

Quant à M***, il devait se trouver heureux que le bon comité eût pris de cette façon la plaisanterie, et il ne réclama pas non plus. Seulement, lorsque, grâce à un million de cosaques, la royauté et tous les Bourbons revinrent à la mode, il ne manqua pas de tirer parti de cette circonstance, et une bonne pétition, apostillée par le curé, le sous-préfet, le procureur du roi, et *tutti quanti*, alla exposer au surnuméraire de l'intérieur, à quel imminent danger il s'était exposé pour la bonne cause au plus fort de la terreur, en frappant d'une punition exemplaire un malotru qui déversait le ridicule sur les fronts que doit oindre seulement la Sainte-Ampoule, et qui profanait, en les appliquant à des bêtes quadrupèdes, des titres augustes. En récompense de ce dévoûment désintéressé, il demandait la moindre chose, ce qu'on voudrait. Une pension de douze cents francs, portée au budget de l'intérieur et non à la liste civile, fut la réponse de M. de Blacas, ou d'un autre. On sait que les *gratifications* se distribuent mêmes aux assommeurs. Pour moi, messieurs, comme je ne vais pas à la messe, j'ai été destitué, et c'est M*** qui m'a remplacé. D'aucuns s'en vont disant partout qu'il doit sa fortune et sa nouvelle dignité à des chiens. Les bêtes donc sont bonnes à quelque chose!

§ 5.

LE SÉMINARISTE ET LA NOURRICE. PREMIER BONHEUR DU SOUS-LIEUTENANT.

L'histoire et le commentaire qui l'accompagnait finit au moment où nous entrions à Verdun. Nous nous y arrêtâmes une heure; la vieille, le marchand et notre conteur nous quittèrent. Ce dernier nous fit les offres les plus polies. La vieille, en prenant la cage vide, laissa échapper un gros soupir; le flamand, délivré de ses caustiques persécuteurs, lança sur eux un coup-d'œil qui semblait leur dire : « Eh bien! c'est moi qui triomphe; vous ne pourrez vous moquer de moi » jusqu'au bout! » Il fut remplacé par une » nourrice et son nourrisson. Mes deux compagnons et moi, las de nos espiègleries, nous prenions un peu de repos, quand tout à coup je fus réveillé par les chants du petit voyageur, qui faisait sa première dent. C'est alors que je m'aperçus qu'à la place de la vieille s'était hissé dans notre fourgon omnibus un jeune prêtre, nouvel échappé du séminaire. Je ne sais s'il prenait la correspondance de Verdun à Thionville pour confessionnal; mais une conversation à voix basse s'était engagée entre la nourrice et lui. Il fut fâché, je crois, de voir mes yeux s'ouvrir sur les mystères du tribunal de la pénitence. Moi, bon enfant, et qui sentais qu'il faut bien que tout le monde vive, je fis semblant de me rendormir; et, entr'ouvrant de temps en temps les paupières sans dire un mot, j'observai son manége : il m'amusait. La confession était finie; le jeune apôtre, voué à un célibat éternel, s'attendrissait sur le spectacle de l'enfant occupé alors à prendre sa première nourriture : il se laissait aller au mouvement de la voiture; son œil louvoyait pour glisser obliquement un regard sur d'hémisphériques attraits, prohibés à l'église; par fois sa tête touchait celle de la nourrice. Elle était jeune, la nourrice, et d'un petit minois assez confortable pour une paysanne. L'abbé semblait absorbé dans la contemplation; mais, soit malice, soit hasard, la jeune villageoise qui, depuis le colloque, avait deviné ce qui occupait la pensée de son voisin ensoutané, choisissait le moment où il s'approchait le plus pour arranger ou plutôt déranger les langes de l'enfant. Il s'en dégageait un gaz dont le parfum faisait faire au curé les grimaces du Dominique de d'Epagny. Un confrère eût cru le diable

Légion logé dans son corps, et l'eût exorcisé. Je me contentai de rire tout haut, mais en feignant de me boucher le nez pour avoir occasion d'éclater à mon aise. Enfin, nous vîmes les clochers de Metz, et nous descendîmes, fort contens d'être débarrassés les uns des autres, et moi surtout, d'aller souper et dormir; j'avais besoin de l'un et de l'autre.

Au préalable, cependant, il me fallut courir à l'état-major de la place pour y réclamer ma feuille de route qu'on m'avait demandée à la porte de la ville. A l'état-major, on me dit de rendre visite au général commandant la division, dont Metz est le chef-lieu. J'y vole : point de général. J'y laisse une carte; puis je songe à me rendre à l'auberge. Mais en vrai novice, en franc écolier, en parvenu étourdi de sa fortune de la veille, je prends le plus long afin d'avoir le plaisir d'étaler les insignes de mon grade. J'avais déjà éprouvé un moment de parfaite félicité : trois sentinelles m'avaient porté les armes, et deux plantons m'avaient appelé *mon lieunant!* Ma soif d'honneurs n'était pas satisfaite je voulais goûter encore la volupté de cette nouvelle sensation, et mes pieds me portèrent presqu'involontairement vers les endroits où je rencontrerais des sentinelles, au risque de ne plus pouvoir trouver mon auberge. Quand j'eus fait un tour de rempart, je demandai la Croix-d'Or; c'était le nom du lieu fortuné où m'attendaient la table et le lit. « Laquelle, Monsieur? est-ce la » grande ou la petite Croix-d'Or? Ensuite, » dans quelle rue? il y a ici une douzaine » d'hôtels de ce nom. » En effet, les Croix, de quelque façon qu'on l'entende, pleuvent de plus en plus depuis la quasi-restauration. Me demander la rue! est-ce que des sous-lieutenans s'abaissent à ces détails? J'étais fort embarrassé. Je pris le parti de m'adresser à un commissionnaire, à la suite et près duquel j'arpentai deux heures durant les rues de Metz. Enfin, après avoir passé en revue sept ou huit Croix-d'Or, je trouvai celle d'où j'étais parti, et je m'attablai devant un souper auquel j'avais donné le temps de refroidir.

CHAPITRE III.

§ 1.

**ARRIVÉE A THIONVILLE. JEAN-LOUIS.
SES DÉPENSES AU CAFÉ.**

De Metz à Thionville la distance est courte. Nul grave incident n'en signala le passage. Ainsi, lecteur, ayez la bonté de me supposer arrivé. Ici commence véritablement ma vie de garnison.

A peine étais-je descendu de voiture, et cherchais-je, comme c'est l'usage, à m'orienter : « Tiens, » dit derrière moi une voix de rogomme, « je parie que voilà le sous-

» lieutenant de l'école, qui nous est an-
» noncé. » A ces mots, je me retourne et me trouve en face d'un individu à longues moustaches, schakos sur l'oreille, visière poignardant le ciel, épaulettes presque sur la poitrine, sabre touchant terre et presque entre les jambes, véritable tenue de carotteur (1). A son aspect, qui ne me prévint pas favorablement, je crus voir, et c'était encore trop d'honneur que je lui faisais, un de ces agréables mauvais sujets qui passent pour avoir bon ton dans la mauvaise compagnie, sorte de parasites qui prennent du métier militaire ce qu'il a de mauvais, et chez qui jamais il n'y eut autre chose de respectable que l'habit. « Bonjour, camarade, soyez le
» bien-venu. Je suis enchanté de vous avoir
» rencontré. » Je parie aujourd'hui que, depuis plus de huit jours, il allait faire l'inspection de tout ce que la diligence de Metz

(1) Carotteur, dans le vocabulaire des garnisons, signifie celui qui fait payer à boire aux *Conscrits*.

amenait de voyageurs à Thionville. — « Je
» ne vous quitte plus, morbleu; je me charge
» de vous conduire. Vous êtes fatigué, n'est-
» ce pas? Entrons au café; je me sens besoin
» de causer avec vous. » Tout cela signifiait,
traduit en bon français : *J'ai besoin de boire
quelques verres de liqueur à vos dépens et
à votre santé.* Mais le digne petit-fils du baron de B** n'était pas encore assez expérimenté pour s'apercevoir du but auquel me
menait, avec si peu de cérémonie, mon officieux interlocuteur. Je ne voyais dans son
action qu'un laisser-aller, un peu trop grand
peut-être, et l'obligeance naturelle aux
étourdis. Mon Cicérone était en effet fort
obligeant; c'était un de ceux qui poussent la
complaisance jusqu'à vous éviter la peine de
faire servir ce qu'ils savent à merveille ne
pas devoir payer. « Garçon, deux verres,
» Qu'est-ce que vous prenez, jeune homme?
» de l'eau-de-vie? du rhum? de l'absinthe? »
— « Non, merci, c'est trop fort; du curaçao,
» si vous voulez? » — « Comment? c'est trop fort.

» Bah! bah! il y a commencement à tout; cela
» vous passera. Garçon, versez du rhum!...
» C'est militaire, cela. A votre santé et à votre
» bien-venue, » dit-il en choquant le verre, et
en appuyant sur ce dernier toast avec inten-
tion; puis le petit verre passe comme une
lettre à la poste. Je veux l'imiter : je me
brûle le pharynx. Ma grimace, indice non
équivoque de la sensation douloureuse du
novice, contracte les muscles adducteurs
de ma face; les larmes me viennent aux yeux.
Ma nouvelle connaissance n'a pas même l'air
d'en être étonné. « Très-bien; cela viendra.
» A présent, causons nous deux... Vous sa-
» vez toute l'amitié dont je me suis senti
» pris pour vous à votre première vue...
» Fameux, ce rhum là...! Il est convenu que
» je me charge de vous faire faire vos débuts.
» Je vous mènerai chez le colonel; de là nous
» irons vous arrêter une chambre; puis, nous
» verrons les camarades. A propos, avez-
» vous des recommandations pour le colo-
» nel? » — « Non. » — « Tant pis, morbleu;

» aujourd'hui il n'y a que cela pour faire son
» chemin; mais, êtes-vous noble? »—« Non. »
—« Tant pis, mille fois tant pis : mais c'est
» égal, vous êtes joli garçon, et cela peut
» s'arranger. Donnez-moi la main, mon ami :
» je ne suis pas plus noble que vous, moi ;
» je n'ai pas de recommandation pour le co-
» lonel, aussi, je suis sous-lieutenant depuis
» dix ans...Voulez-vous redoubler? »—« Non,
» je vous remercie. » Il n'insiste pas... pour
moi; mais, en se versant une rasade qui va
retrouver la première : « Oui, mon cher, oui,
» voilà dix ans que je suis sous-lieutenant.
» Ah! si j'étais noble! » En disant cela, il
roulait des yeux rouges qui semblaient vouloir quitter leur orbite, et qui, ainsi que
son teint marbré de nuance lie-de-vin, et
son nez bourgeonné, démontraient que le
manque de parchemins n'avait pas seul fait
chanceler cet intrépide buveur de rhum
dans la voie des honneurs militaires. « Eh
» bien! jeune homme, je vais vous donner
» des conseils et vous faire connaître le ré-

» giment. Vous me plaisez; il faut que je
» vous mette, en quelques mots, au fait, et
» que je vous parle du fond du cœur. » Il
semblait en même temps penser au fond de
la bouteille, et un troisième petit verre
ajouta un nouvel éclat au feu de son éloquence. « Vous allez visiter le colonel; là
» sans doute vous verrez madame de Cha...,
» à moins qu'elle ne passe la revue au bois
» de..., avec le Bichet du jour. Si vous l'aper-
» cevez, la dame s'entend, faites lui la cour,
» à vos risques et périls; car ici c'est le co-
» tillon qui commande, le maître se bou-
» tonne avec des épingles; voilà pourquoi
» les vieux n'avancent guère. Plaisez à ma-
» dame, au contraire, et vous verrez quel
» mouvement elle se donnera pour vous. »
Il rit narquoisement en lâchant ces billeve-
sées; et, là-dessus, il emplit de nouveau son
verre, l'avale, secoue le reste dans la main
gauche, s'en frotte l'une et l'autre paume,
en huile ensuite ses cheveux, comme le perruquier qui chez sa pratique se graisse l'occi-

put aux dépens d'un reste de pommade ;
puis sa lèvre inférieure portée en avant, se
rapproche de la moustache qu'elle happe,
pince et suce avec un son analogue à
heupp (1) ; et en même temps, du plat de la
main, il fait résonner le vaste coffre qu'il
vient de lester, en disant :« Si ce petit verre-là
» attend son rang d'ancienneté pour pas-
» ser caporal, je l'engage à prendre patience.
» Avant de partir, — car il faut nous en aller,
» nous avons à courir, — un mot ! le colonel
» pense bien. » Là-dessus le dernier petit verre.
« Garçon ! combien doit-on ? » Le garçon arrive. Mon nouveau camarade s'empare d'un
journal dont la lecture l'absorbe entièrement
pendant le colloque qui s'établit entre le
percepteur des redevances et moi. Enfin je
renoue les cordons de ma bourse, mon in-

(1) Il est indispensable d'avoir recours à une dé-
monstration pratique si l'on veut se faire une idée
exacte de cette onomatopée qu'il est aussi impossible
de représenter par des lettres que le *th* anglais, le
jôta espagnol ou le *k* mouillé des Polonais.

séparable essuie sa moustache ; nous partons.

§ 2.

VISITE AU COLONEL. TALENS MILITAIRES DE CE HÉROS MONARCHIQUE. CHAT LANCÉ. MADAME DE LA BARONNE.

Je fus assez content de la manière dont mon colonel me reçut. Madame fut ausi aimable que lui; elle m'engagea avec un de ses plus aimables sourires à dîner pour le lendemain. J'en fus bien aise, cela me donnait occasion de connaître plus à fond des personnes dont j'avais déjà une assez burlesque opinion. Le colonel, dont nous nous garderons bien de donner ici le nom en toutes lettres, vu la peur que nous inspire la perspective des procès en diffamations, c'est-à-dire, en vérités mortifiantes et mystifiantes, cinglait à pleines voiles dans la route des honneurs militaires : c'était un petit autocrate de régiment, un kaiser, un czar, un radjah, un sultan, un cheikh, un chah lancé dans la voie brillante qui mène par le bal et la flagornerie au généralat. Quoique baron par la signature, le colonel était gentilhomme comme moi. Il avait pensé que, puisque... en 1816, il s'était éveillé colonel, avec la croix de la Légion-d'Honneur à sa boutonnière, il pouvait bien, de son autorité privée, s'anoblir et se donner un titre. D'ailleurs, à cette époque-là, c'était la mode. Ce baron de contrebande était militaire comme le Suisse de la paroisse, qui, de par le concordat, porte à la grand'messe l'uniforme et des épaulettes à graines d'épinards. Son savoir consistait à jeter à tort et à travers quelques commande-mens que lui apprenait un des favoris de madame. En présence de son régiment, c'était un vrai perroquet, qui ne se donnait pas même la peine de regarder si ce qu'il ordonnait était ou non praticable. De ce côté, son ineptie était patente ; et l'on disait dans tous les rangs du régiment : « Tu t'y entends » comme le colonel à la manœuvre. » Façon de parler qui revient absolument à cette formule que Paul-Louis Courrier a rendue si célèbre : « Tu t'y entends comme Gail au » grec; » c'est-à-dire, comme Jomard à l'arabe (1), ou Laurent à la musique, ou Edmond Blanc au commerce, ou Royer-Collard (Hippolyte) aux beaux-arts, ou M. de Falguerolles en éloquence, ou le comte Jules de Rességuier en poésie, ou le baron d'Audebard de Férussac en mollusques, ou comme l'épouse du dernier des Beaumanoir en fidélité. En revanche, il possédait la quintessence du boston, jeu sublime, jeu baronial, jeu seigneurial, qu'il était de rigueur de connaître si l'on voulait figurer sur le tableau d'avancement. A défaut de capacité militaire, ses flatteurs allaient disant : « Il a de l'esprit. » Le fait est qu'il avait du verbiage et cet imperturbable aplomb de l'homme

(1) On sait qu'un des jeunes Egyptiens de l'espèce de collége dont M. Jomard était le directeur, demandant un jour en arabe des pommes de terre, cet habile orientaliste lui fit servir du poulet.

qui, avec de la loquacité naturelle et de la
mémoire, ignore complètement ce que c'est
que bon goût, esprit, éloquence et art. Les
anecdotes qui étaient le fond et la forme de
sa conversation d'estaminet étaient dignes
de l'Arlequiniana, si elles n'en étaient prises. Joignez à cela que ce héros était asthmatique et goutteux. O Napoléon de coureuse mémoire! on voit bien qu'il ne s'agissait plus sous le règne de tes successeurs
d'être à Cadix, à Austerlitz, à Aboukir, au
Kremlin. Notre colonel n'avait à mes yeux
qu'un mérite: c'était l'adresse avec laquelle
il savait circonscrire nos évolutions autour
de son château. On eût dit que nous étions
abonnés au cadastre pour décrire un cercle
dont le clocher de Chal..... était le centre, et
le rayon une droite de trente lieues, au bout
de laquelle pendait notre drapeau. Si une
force centrifuge tendait sans cesse à nous
faire évader par la tangente, sans cesse
aussi, je ne sais quelle force centripète nous
refoulait bon gré mal gré, tout pantois, tout

honteux, rougissant de nous-mêmes, dans la résidence des bienheureux époux, colonels du régiment. Madame avait de l'influence, monsieur avait de la souplesse; ces deux qualités réunies maintinrent M. le baron de C..... *in statu quo*. Se faire nommer colonel, lui qui n'eût pu être caporal, si les grades se fussent donnés au concours, avait été un miracle, même sous la légitimité; se faire garder en place était un double et triple miracle. Des sottises de la force de celles qui lui échappaient journellement auraient coulé à fond tout autre sot : lui, il grandissait d'autant aux yeux des hommes et du Seigneur. Au reste, il était de règle, du moins parmi les complaisans et les aspirans à quelque chose, de dire qu'un chef en faveur est une fortune pour ses administrés. Le crédit du colonel lui servait à avoir des semestres à solde entière, qu'ensuite on nous repassait à demi-solde : que serions-nous devenus sans cette fiche de consolation?

Quel honneur !
Quel bonheur !
Colonel, de tout mon cœur,
Je suis votre humble serviteur.

Au physique ce chef du 511ème était digne des pinceaux de Grandville. C'était le second volume de M. Lerond : gros, court, tête de bœuf, cheveux gris hérissés, bouche qui avait les oreilles pour limites, et nez écrasé qui cachait un tiers de la figure.

Plein d'amour et de vénération pour cette auguste famille de *très-crétins* (1), qui a coûté si cher à la France, avant, pendant et après les quinze ans de sa réinstallation sur le trône de Saint-Louis, ce noble de la veille ne négligeait aucune occasion de faire éclater son dévoûment à la dynastie, et de courber la tête plus bas que les serfs de l'Orient,

(1) Ici le compositeur a été mis dans un grand embarras par les pates de mouches de M^{tre} Pongo. Il lui a été absolument impossible de lire autrement que : *auguste famille de très-crétins*. Nous pensons que c'est une erreur et que le scribe voulait mettre *très-chrétiens*.
(*Note du prote.*)

sous les volontés possibles de ses maîtres. En voici un exemple : Un soldat, d'une intrépidité à toute épreuve, et qui avait reçu de la main d'un homme qui ne la prodiguait pas quoiqu'il l'eût instituée, la croix d'honneur sur le champ de bataille, se trouvait dans la légion commandée par le baron. Ce vétéran de l'empire comptait déjà vingt ans de service ; et il s'était résigné à servir dix ans encore sous le règne des souverains que nous ont apportés en croupe les maigres chevaux des cosaques, afin d'arriver aux trente années exigées pour avoir droit à une modique retraite de trois cents francs. Comme on ne change pas d'affection aussi lestement que de cocarde, le vieux troupier, un peu dans *les vignes du seigneur*, eut un jour l'imprudence de vouloir faire crier « Vive » l'Empereur ! » à un conscrit. Le bruit de cette folie n'aurait pas dû sortir de la caserne. Les chiens couchans du régiment le rapportèrent au colonel, qui, sur-le-champ, y vit une superbe conspiration dont la découverte devait lui valoir au moins le titre de maréchal-de-camp. Une cour prévotale siégeait au chef-lieu (Lang...). Il déféra sur-le-champ le conspirateur devant cet infâme tribunal de vampires altérés du sang des braves. On se rappelle trop qu'à cette époque de réaction tout prévenu était un homme mort. De la salle où l'on marchandait sa vie, le vieux soldat dénoncé par celui qui eût dû le défendre, entendait distinctement les coups de marteaux des charpentiers qui montaient l'échafaud. Immédiatement après les débats il fut conduit au supplice. Il avait vu de trop près et trop souvent la mort pour être effrayé à l'idée de ces préparatifs de sang; mais comme son courage fesait la honte de ses bourreaux, ils n'épargnèrent rien pour l'ébranler et pour la lui rendre affreuse. On eut l'infamie de lui arracher sa croix vierge de toute souillure; et devant lui elle passa sur la poitrine de son délateur. Sa mère, vieille et aveugle, fut amenée là par des amies; il l'embrassa avec des larmes, au pied de l'échafaud, et tout-à-coup un cri de « Vive l'empereur! » se fit entendre..... la sexagénaire n'avait plus de fils, et ignorait tout son malheur...... C'est ainsi qu'en cette année de grâce 1815 agissaient les légitimistes; et les justes-milieux disaient « laissez-les faire. » Il faut bien que tout le monde vive.

Eh bien, malgré de telles preuves de fidélité pour ses rois et quoiqu'il eût versé pour eux le sang de ses soldats, monsieur le colonel resta colonel. Sa considération déjà minime baissa encore; et quand il se mit sur les rangs pour la députation sous Charles X, il eut deux voix, la sienne et celle d'un des capitaines de son régiment.

Mais plus heureux depuis la révolution de juillet, il a obtenu, m'a-t-on dit, les récompenses de ses services, le grade de général. Il a sans doute fait valoir comme titre à la faveur gouvernementale qui ne pouvait encore manquer d'être la bonne cause à ses yeux (car il pense que Dieu est toujours pour la bonne cause, et que c'est le plus fort qui a raison);

il a fait valoir, dis-je, une destitution d'incapacité comme une destitution pour opinions libérales et patriotiques. En effet, s'il ne se ruinait pas en dépense de patriotisme, il en avait peut-être dans le cœur, ou du moins il y rêvait sans doute le jour d'inspection où le général Vasserot passait en revue le régiment du colonel. Celui-ci, assis pendant les manœuvres sur un tas de pierre, ronflait comme un académicien ou comme un président de cour royale. Tout à coup, le général inspecteur le poussant du bout de sa canne, lui dit : « Colonel ! colonel !! » Point de colonel. Il le pousse de nouveau. « Colonel ! » Puis le pousse encore. « Eh ! co- » lonel ! » Enfin, notre brave se réveille. « Al- » lez donc dans votre chambre, » lui dit le général, « vous avez une chaise longue, vous » serez plus à votre aise ; ne vous gênez pas. »

Madame la baronne, qu'un de ses adorateurs à fortes épaules appelait madame *de* la baronne, avait dû être bien, puisque, s'il eût fallu s'en rapporter à la tradition scandaleuse dont quelques mauvaises langues se font les porte-voix perpétuels, elle avait été dans les beaux jours de la Convention déesse de la liberté. On allait même jusqu'à dire qu'elle avait largement usé de l'esprit de son rôle, et que tandis que son mari s'amusait à émigrer à peu près avec autant de raison que le barbier de Désodry l'exalté, la belle restant à l'intérieur lui donnait, sans qu'il prît pour cela la moindre peine, un jeune défenseur de l'autel et du trône. C'est sans doute à partir de cette époque d'indépendance qu'elle avait contracté l'habitude de porter la culotte; il ne lui manquait en vérité que les moustaches. Car elle intimait ses ordres au major, aux chefs de bataillon, aux capitaines et à nous sémillans et dociles sous-lieutenans, avec l'aplomb d'un vieux général de brigade, qui a gagné tous ses grades sur le champ de bataille et qui a vérifié la contenance de tous ses gens devant le feu. L'artillerie de la baronne était moins meurtrière que celle dont nous parlons ici: des prières impérieuses, des œillades en faisaient le fond. Le plus novice eût pu voir sans peine que cetté ruine encore passable prétendait aux honneurs d'un siège. Mais la place n'était pas forte; et l'ingénieur qui lui adressait une sommation voyait souvent la garnison assiégée battre la chamade si vite, si vite que c'en était effrayant. Je fus bientôt au courant comme tous les autres; et comme les autres je trouvai un certain charme à cette coquetterie tenace, qui survivait à la beauté, et qui, au défaut des hommages universels, accaparait précieusement la politesse des hommes de goût et les plates adulations de certains dandys ambitieux qui veulent, n'importe par quel canal, arriver aux honneurs. Si dans cette sphère de prêtés-rendus, les bonnes grâces de la Colonelle n'étaient pas une sinécure, au moins doit-on avouer que le travail de son Alcide n'était pas sans récompense. L'excellente baronne avait le cœur grand; et quand elle voulait du bien, c'était avec chaleur. Or, jamais la bonne volonté ne restait impuissante à cette époque, lorsqu'elle était accompagnée d'un nom, d'un rang, d'un titre, d'un titre surtout, usurpé ou non. Car enfin, un titre vrai, c'était d'antique et pure noblesse; et que refuser à un noble? un titre faux,... eh bien, c'était la preuve qu'on aimait la noblesse, qu'on se dévouait à la bonne cause, qu'on s'identifiait à l'aristocratie : raison péremptoire pour tout accorder. D'après ce dilemme, on comprend combien la Colonelle-Baronne avait de crédit en cour. A présent, en quelle monnaie s'escomptait la reconnaissance, c'est ce qu'il serait indélicat de préciser. Je présume d'ailleurs qu'il est peu de mes auditeurs qui n'aient ouï parler de dames se donnant ainsi un mouvement tout particulier pour leurs protégés. Comme de raison, ce n'est pas à ma première entrevue que j'appris ces détails. J'anticipe sur quelques mois d'expérience; et, cependant, tout novice que j'étais, je m'aperçus que je ne déplus pas; ce que je dus à cet indicible je ne sais quoi qui donne toujours aux vieilles fem-

mes envie d'instruire les jeunes gens. On se
fût trompé pourtant en me prenant pour un
novice : les camaristes de ma mère eussent
pu dire que j'étais loin d'être un Tyro et
moins encore un Tyrunculus (1).

§ 3.

FAUTE D'UN POINT, MARTIN PERDIT SON ANE.

En descendant du palais du Colonel, je
trouvai à la porte mon Cicérone qui avait
senti que son haleine lui faisait une loi de ne
pas entrer pour le moment dans l'appartement d'une dame. Nous allâmes de là chez
le quartier-maître. Là, j'appris bien des
choses. D'abord, je sus qu'ayant mis un jour
de trop en route, je perdais toute la demi-
solde de mes deux mois de congé, fort heureux d'en être quitte pour laisser mon argent à la caisse, c'est-à-dire, au casuel de

---

1) *Tyro*, en latin apprenti. *Tyrunculus*, diminutif
de *tyro*.

messieurs de l'intendance militaire. Voilà ce que c'est ! Si, à Saint-Cyr, j'avais profité de mon cours d'administration militaire au lieu d'en rire avec mes amis, cela ne me serait pas arrivé. Mais est-ce ma faute aussi, je vous le demande, si notre cours d'administration militaire était fait par un commis de l'octroi de Versailles. On me notifia de plus que j'étais compris dans un bataillon détaché à Longwy. « *Beau port de mer !* » me dit mon camarade; « je vous en félicite. Vous voyez,
» mon cher, le métier n'est pas tout rose. Vous
» arrivez..... déjà une tribulation ! adieu la de-
» mi-solde! C'est égal. Ce n'est pas juste? Vous
» en verrez bien d'autres. Allez, c'est un drôle
» d'état que le nôtre. Êtes-vous malade dans
» un hôpital (ce qui n'est pas votre faute)? on
» vous retient votre solde. Êtes-vous fait pri-
» sonnier (ce que vous ne faites pas exprès)!
» vous perdez vos droits à l'avancement. Êtes-
» vous vieux? on vous renvoie en vous don-
» nant trop peu pour vivre, et trop pour mourir
» de faim. Et puis, cette bêtise de n'augmenter

» la solde qu'à mesure qu'on monte en grade !
» C'est absurde; c'est quand on est jeune
» qu'il faut de l'argent. A quoi servent les
» noisettes quand le casse-noisette est ébré-
» ché? Allons, vous vous habituerez. Il est
» temps d'aller dîner; vous verrez de bons
» enfans. » C'est ainsi que M. Jean-Louis,
vieux sous-lieutenant de carabiniers, et mon
camarade par hasard, formula son invitation
à un dîner qui doit figurer au chapitre des
imprévus et des *extrà généraux* de la table.

§ 4.

TABLE D'HOTE DES OFFICIERS. PUNCH DE BIENVENUE. EN QUEL CAS ON PEUT COMPTER SUR DE L'EXACTITUDE.

Sentez-vous une forte odeur de *Sauerkraut*, un parfum douteux de sauce et de friture, dont la graisse a fait les frais, et qui vous prend à la gorge. Entendez-vous le brouhaha convulsif, délirant, polyglotte, à fendre la tête, de voix glapissantes ou tonnantes, de gros éclats de rire; puis, au milieu du cliquetis des fourchettes, de la vaisselle, les chiens qui aboient parce qu'on les rosse, les servantes qui crient parce qu'on les pince, des assiettes qui se brisent, des chaises qui tombent? vous êtes à la porte d'une pension d'officiers. C'est à cette table joyeuse que se règlent les cancans de la ville, que se content, avec les vives couleurs de l'hyperbole, les historiettes amusantes, que se développe le scandale qui, le soir, circulera dans la ville par les canaux à grande section des salons, et par les rigoles des demoiselles de comptoirs. Là, aussi, se font les tendres confidences; car les officiers ne sont pas mystérieux dans leurs effusions amoureuses; et malheur à celle qui croit pécher en secret! La connaissance fut vite faite. Quelques bouteilles d'extra, et une invitation à prendre le punch de bienvenue disposent à merveille en faveur d'un néophyte. La belle chose qu'un punch de réception! Comme on y est gai. Cela ne coûte rien... qu'au récipiendaire ; aussi le récipiendaire est sûr d'y voir tous ses invités, même ceux qui, toujours étrangers à la mauvaise habitude d'offrir, se trouvent tout surpris de se voir au café, espérant s'y dissimuler à la faveur du nuage épais qui règne autour du cercle fumant le cigarre de la Havane. C'est à qui me prendra la main ; on regrette que je ne reste pas à Thionville. Il y a dans cette assurance de regrets, de la sincérité ; c'est toujours avec peine que l'on voit partir un Amphitryon quel qu'il soit.

Mon cher, très-cher Jean-Louis en est surtout inconsolable. Il avait, à lui tout seul, formé le projet de faire mon éducation régimentaire. « C'est égal, puisqu'il est décidé » que vous nous quittez, je veux vous faire » la conduite. »

§ 5.

**VOYAGE A LONGWY. TENDRE ATTACHE-
MENT DE L'HYDROPHOBE JEAN-LOUIS
A SON JEUNE AMI. ADIEUX.**

Effectivement, il n'y manqua pas; et, trois jours après, je me mis en route pour ma destination, accompagné de l'inévitable et indésaltérable introducteur. Nous étions tous deux à pied, vu que de Thionville à Longwy il n'y a pas de voiture. Dix lieues à pied, quand on n'a fait d'autre étape que de Saint-Cyr à Versailles! j'étais harassé. J'avais encore dans les jambes tous les degrés d'escaliers qu'il m'avait fallu monter et descendre pour rendre visite aux égaux et aux supérieurs; car, telle est la règle, en arrivant dans un régiment, il faut visiter tous les officiers. S'amusent-ils lorsqu'ils vous reçoivent? j'en doute fort. Mais ils ne s'ennuient pas tant encore que vous, visiteur obligé. Au moins la peine que leur cause la corvée est répartie entre tous, tandis que vous, à vous seul, vous la supportez tout entière. Je soufflais (comme disent nos paysans, *je rouffais*) comme un sanglier relancé par la meute d'un grand-veneur de la couronne; et, à peine à une lieue de la ville, je commençais, selon l'expression militaire, à piler du poivre. Mon intrépide compagnon épuisait toute sa rhétorique, et invoquait à son aide le ban et l'arrière-ban de ses argumens burlesco-philosophiques pour m'engager à prendre patience, et me prouver que je ne devais pas être fatigué. Arrivé sur la côte Sainte-Catherine, je m'arrêtai tout décontenancé, non pour jouir du beau point de vue que présente le bassin de la Moselle serpentant dans la riche vallée de Thionville; mais pour regarder combien j'avais fait de chemin. Hélas! j'étais encore bien près de mon point de départ! « Ah! vous n'y êtes pas, camarade! » encore neuf fois autant, et vous arriverez » dans votre nid de cigogne. Allons, du cou» rage! nous voici à un village; nous y dé-

» jeûnerons; cela vous retrempera; vous sen-
» tirez renaître vos forces. Il n'est tel qu'un
» navire bien lesté pour marcher gaillarde-
» ment au vent. »

Nous atteignons le bienheureux village, et tout en barbottant au milieu de la boue et du fumier, j'arrive, guidé par Jean-Louis, Lyncée moderne, dont l'œil exercé avait aperçu dans le vague des airs un morceau de buis bien jaune au bout d'un bâton, à une espèce de cabaret qui n'avait pas plus de rapport à Véfour et aux Frères Provençaux que la Bièvre à l'Amazone, et le duc de l'Arc-en-Ciel à Napoléon.

«Bonjour, la mère! Corbleu, mon ancienne,
» qu'il fait sale chez vous! on voit bien que
» le bon Dieu n'y passe pas souvent. Vite, à
» déjeûner! du vin et ce que vous aurez.» Et en même temps Jean-Louis secouait ses pieds, m'ôtait le manteau dont Novembre me contraignait à envelopper mes épaules. La vieille cabaretière nous sert à peu près le déjeûner de Gil-Blas, une, deux, trois ome-

lettes, moins la truite, qu'au reste je ne me sentais pas en humeur de payer. Pour Jean-Louis, faute de poisson, de gibier et d'entremets, il avalait les œufs avec l'appétit d'un homme qui n'a rien pris depuis trois jours ; prenant de l'absinthe pour se creuser, une nouvelle part d'omelette pour combler le creux, m'offrant souvent du vin que rarement j'acceptais, et s'adjugeant des rasades, dont au reste il ne donnait pas le temps à l'arôme de s'évaporer. Trois bouteilles filent ainsi ; ensuite il prend pour dessert un verre de kirsch, demande la carte, puis va dans un angle de la cheminée allumer sa pipe artistement culotée, y reste un quart-d'heure, ce qui, dans la pratique de la vie, peut se traduire par : « Paie, Jean-Jean. » C'est trop juste; je m'exécute de bonne grâce. Le conscrit doit seul figurer au quart-d'heure de Rabelais.

Nous sortons. Jean-Louis m'indique la route, me donne l'accolade fraternelle, et me laisse vaquer seul à mes pensées, et n'ayant que l'horizon pour me distraire. J'avais eu la simplicité de présenter mes pieds humides au feu de l'agreste et énorme cheminée; mes bottes s'étaient racornies, et j'avais l'air de danser sur des aiguilles. Clopin clopant, la colonne vertébrale en arc de cercle, je demandais à chaque passant combien il me restait encore à faire. Je n'avançais guère; la nuit avançait plus rapidement que moi. Fatigué, ennuyé, je pris le sage parti de couper l'étape en deux.

§ 6.

LE NID DE CIGOGNE ET LES ÉCUREUILS.

Le lendemain, d'assez bonne heure, j'arrivai à Longwy. Quelle route! je ne l'oublierai jamais! toujours monter et descendre! et cette ville microscopique que l'on voit de si loin, comme un coq sur le clocher qui lui sert de perchoir : on jurerait qu'elle rétrograde à mesure qu'on avance. Jean-Louis avait raison : c'est vraiment un nid de cigogne ; c'est pis que cela. Quoique hissée sur une côte qui n'en finit pas, et qui semble l'Ararat de la Lorraine, c'est un trou. Les casernes, l'église, la place, voilà la ville. Cependant Longwy n'est pas un lieu à dédaigner des voyageurs. Un jour peut-être, comme Phalsbourg (1), elle produira son grand homme. En attendant, elle a l'honneur de fournir à la capitale bon nombre de ses jambons de Maïence et de Baïonne : c'est une réputation comme tant d'autres. De plus, elle a un puits très-curieux qui alimente la ville au moyen d'une roue énorme que font mouvoir les Laïs de la caserne, en s'accrochant à des bâtons fichés dans les jantes, et perpendiculaires au plan de la roue. Messieurs les épiciers, charcutiers, passementiers, cabaretiers, perruquiers et autres gardes nationaux de Paris et de la banlieue, qui ne comprendraient pas cette description,

(1) Patrie du maréchal Lobau, dont la capacité reçoit, à titre d'indemnité de table, 100,000 fr.

peuvent, un jour où l'émeute ne mettra pas la patrie en danger, aller voir dans les plaines de Mont-Rouge un appareil semblable à celui que nous décrivons : il sert à extraire de la carrière les blocs qui entreront dans la construction des maisons de Paris. Les belles qui consacrent leurs beaux bras et leurs beaux jours à cette gymnastique diurne, ont reçu des farceurs le sobriquet d'*écureuils*.

Je fus on ne peut plus cordialement reçu à Longwy. Même cérémonial qu'à Thionville. Je trouvai dans les officiers de mon bataillon mêmes prévenances, mêmes dispositions à accepter, en un mot tous les égards que commande la position d'un débutant.

CHAPITRE III.

§ I.

**MON LIEUTENANT. LA PIPE. PREMIERS ÉLÉ-
MENS D'ÉDUCATION. L'ART D'AIMER
DES SOUS-LIEUTENANS.**

Mon lieutenant fut là mon guide et mon Mentor. Cet officier n'avait ni le ton, ni les manières, ni surtout cette voracité ignoble de Jean-Louis, qui ne voyait dans la bourse d'un disciple qu'une proie à engloutir. Jean-Louis était le vampire des conscrits : le lieutenant faisait les choses d'égal à égal, et aurait rougi que son Télémaque payât les frais de la leçon. Je profitai de ses instructions. Avant lui je m'étais borné au modeste cigarre; c'est lui qui, m'encourageant à braver et les nausées et les soulèvemens d'estomac, m'apprit à fumer dans une pipe.

La pipe a ses détracteurs : qui n'en a pas? J'aime à croire qu'elle n'est méconnue que par ceux à qui la patience a manqué, et qui, faute de persévérer, n'ont pas su s'en créer l'habitude. La pipe est comme la tabatière; c'est un maintien sur la porte d'un corps-de-garde ; c'est un aliment de conversation entre deux personnes qui font la cour à la dive bouteille, si chère au curé de Meudon, et qui, comme il arrive souvent aux génies en uniforme, n'ont plus rien à se dire; dans la solitude, c'est une consolation, une compagne, une amie: on croit lui parler, on lui parle. Qui n'a entendu l'amateur s'écrier : *Je vais dire deux mots à ce pâté, deux mots à cette Jeanne* (1); pourquoi ne dirait-

(1) On dit *caresser la Jeanne,* pour vider une bouteille.

on pas de même deux mots à la pipe? N'est-ce pas d'ailleurs un langage que ce pétillement significatif, indice clair d'une charge de tabac qui tire à sa fin? Cette fumée enivrante a quelque chose qui prête à la rêverie: elle est l'emblème naturel de ces brouillards qui, presque toujours, planent sur la destinée humaine, même la plus étincelante; c'est l'image de la mobilité de l'esprit humain, le symbole du bonheur. Son tourbillonnement nous rappelle les projets d'avenir qui presque toujours s'éparpillent et s'envolent comme elle.

J'appris aussi avec le lieutenant à boire le *dur* (1). Rien ne fut négligé pour me trans-

(1) Car vous vous souviendrez que dans les idiomes populaire et militaire qui ont beaucoup de rapports ensemble, la classe liqueur se divise en deux ordres, le *doux* et le *dur*, lesquels eux-mêmes se ramifient en genres, sous-genres, espèces et variétés. Le rhum, le kirsch, le rack, le genièvre, les diverses eaux-de-vie, etc., entrent dans la première catégorie. La seconde se compose de toutes ces liqueurs mixtes qu'on peut offrir à ces dames pour les accoutumer à la première.

former en adepte. J'avais d'excellentes dispositions, et je promettais d'égaler bientôt, et peut-être de surpasser mon maître.

C'était surtout sur le chapitre des amours que je prenais goût à la théorie du lieutenant. Il me semble l'entendre encore.

« Faire son service, boire, manger, dormir
» et faire l'amour, voilà la loi et les prophètes
» pour un militaire. Faire l'amour! mon cher,
» c'est l'essentiel, voyez-vous? un officier sans
» maîtresse c'est un corps sans âme, une caisse
» sans argent, un flacon sans vin, un schakos
» sans pompon, un Mouton sans eau, un esca-
» moteur sans paillasse, un roi sans ministres
» responsables, un héritier présomptueux sans
» liste civile, un fils de famille sans juif, un
» Ferdinand VII sans Aguado. Ainsi, voyez,
» cherchez, flanez, écrivez, arrangez-vous; il
» vous faut une passion. Comme vous ne con-
» naissez pas le terrain, je veux bien, en cama-
» rade, vous mettre sur la voie. Mais en atten-
» dant, rappelez-vous bien ceci. Article premier:
» à votre âge on ne doit pas manger son pain à

» la fumée. De cet axiôme découlent les co-
» rollaires suivans : Ne vous laissez jamais im-
» poser par les grands mots, les grandes ma-
» nières, les grandes vertus; demandez, exigez,
» prenez; si on vous chasse par la porte, ren-
» trez par la fenêtre; où un autre se découra-
» gerait, soyez insolent. Les femmes sont com-
» me les villes. La moindre bicoque veut être
» emportée d'assaut : eh bien ! donnez l'assaut,
» et vous serez très-heureux. »

La graine tombait sur un bon terrain. Ce que mon lieutenant prêchait, mon cœur me le redisait plus grandement et plus haut chaque jour. J'avais plutôt besoin de la direction du lieutenant pour faire la reconnaissance du terrain que pour prendre la détermination d'y déployer mes batteries. Du reste, je crois avoir averti le studieux lecteur que j'avais déjà fortifié la théorie par la pratique, et poussé assez loin mon apprentissage avec les femmes-de-chambre de ma mère. Ces friponnes-là ont souvent l'avantage de faire faire leurs premières armes aux jeunes gens, et de confisquer à leur profit, sans doute comme droit d'entrée, ce que le salon envie volontiers à l'antichambre. Mais aussi, pourquoi, sous la toile peinte de Mulhouse, abritent-elles des charmes qu'on serait fort en peine de trouver sous la soie et le cachemire?

Semblable à un jeune théologien qui attend avec impatience l'instant de dire sa première messe et de cultiver la vigne du Seigneur, je brûlais de trouver l'occasion de mettre à profit mon érudition amoureuse. Je savais mon *Faublas* par cœur, j'avais la tête farcie des *Liaisons dangereuses*, la *Nouvelle Héloïse* m'avait monté l'imagination, et je comptais bien mettre du Saint-Preux dans ma première intrigue. Notez que je me rendais cette justice, que j'étais fait de façon à inspirer de ces passions à première vue, de ces mouvemens sympathiques, qui malheureusement ne se trouvent plus que dans le mesmérisme et le saint-simonisme, de ces incandescences de cœur qui font le destin de la vie. Aussi, pendant quinze jours, régardai-je toutes les jeunes filles en face, cherchant à découvrir l'effet qu'à mon avis devaient produire infailliblement ma bonne mine et mon exquise tournure. Mais le sexe est si dissimulé! Les résultats de cette inspection se réduisaient le soir du quinzième jour à zéro; et je pestais de tout mon cœur contre la fausseté de ces demoiselles, quand ma bonne étoile fit entrer dans ma chambre Arthur (c'était le nom de mon lieutenant), qui venait me chercher pour passer la soirée chez lui.

§ 2.

MISE EN PRATIQUE. CŒURS EN DISPONIBILITÉ. LES PETITS JEUX, LES GAGES TOUCHÉS. LES PAPAS. THÉRÈSE.

Son hôtesse réunissait quelques amies de sa fille: la société se composait en conséquence de frères, de sœurs, de cousins et de nous deux. « C'est ici, dit mon lieutenant, » qu'il faut vous lancer; et pour que vous n'al- » liez pas faire de brioches, je consens à vous

» mettre au courant. Mademoiselle Louise,
» cette grande brune, c'est la maîtresse du
» contrôleur de la douane. Cette jolie blonde
» est courtisée par un lieutenant du régiment.
» Sa sœur appartient à un sous-lieutenant,
» Léonidas D.... Leur cousine, Mademoiselle
» Aglaé, aime votre serviteur, ou du moins lui
» donne des raisons suffisantes de le croire.
» Cette autre, assez jolie, c'est vrai, mais d'un
» blond un peu insolent, est libre. Comme nous
» sommes en hiver, je n'y vois pas d'inconvé-
» nient. Mais tenez, il y a cette petite Thérèse;
» elle est bien cette petite mère là. Croyez-
» moi. Elle est un peu dévote; mais c'est égal.
» Ou je ne m'y connais pas, ou elle meurt d'en-
» vie de jeter son bonnet par-dessus les mou-
» lins. Cela ne l'empêchera pas d'aller ensuite
» faire chorus au *Kyrie Eleison* et aux canti-
» ques du soir, chantés sur l'air de *la Mar-
» seillaise*. Elle est jeune et gentille, et quel-
» qu'autre chose encore, je le parierais. Chauf-
» fez-moi ça; lancez-vous. »

Arthur avait raison; la petite était fort

bien, et comme je n'avais à choisir qu'entre elle et la belle aux trop blonds cheveux, je me décidai à être amoureux de celle-là. Je voyais qu'en province non moins qu'à Paris il faut s'y prendre à temps pour trouver des novices. Il est vrai que, partout où elles font quelque séjour, les garnisons accélèrent singulièrement le développement des esprits féminins. On joua aux petits jeux, au corbillon, aux propos interrompus, à la clochette. Rien n'est plus favorable aux amours que les jeux innocens; et certes, si l'on infligeait bien exactement des pénitences pour tous les gages touchés, il y en aurait pour long-temps à mettre en équilibre, comme le veut Beccaria, *les délits et les peines.* Ce qu'il y a de remarquable, d'impayable, d'inconcevable, c'est l'impassibilité des papas, qui restent là cloués, aveugles, à leur cent de piquet, comme s'ils pensaient que les filles sont de glace depuis qu'il a neigé sur leurs têtes, ou comme si la nature leur avait enlevé la faculté mnémonique, ou enfin comme si la conduite de ces demoiselles leur était indifférente. O Hugo! que de fois dans ma pensée j'ai dit d'avance ces deux tiers d'hémistiche d'*Hernani* :

.... Vieillard stupide!!!

Je ne perds pas mon temps. Voilà Mlle Thérèse l'objet de mes attentions particulières; et vigoureusement secondé par Arthur, je trouve moyen d'aller *bouder* avec elle, et de lui faire un demi-aveu. Ma cour, je le vis sur-le-champ, ne déplut pas; seulement on affectait cette réserve que commande la décence, et qui, quoiqu'on en dise, est naturelle aux femmes. D'ailleurs, la plus simple acquiert toujours par ses lectures, par quelques mots échappés à un père égrillard, par quelques confidences de doctes amies, par sa bonne, par son confesseur surtout, au moins l'instinct de ce qui est permis en secret. Cette soirée m'avait été fort avantageuse. Je sortis enchanté qu'Arthur, auquel je devais le bonheur d'avoir été conduit dans cette maison, fût mon confident et mon conseiller.

§ 4.

UNE LETTRE. DES ENTREVUES. VIVENT LES BLANCHISSEUSES....! ENFIN!!!

Rentré chez moi, je me mis au lit; mais je ne dormis guère. Tout entier à ma nouvelle conquête, je rêvais amour et bonheur; je me promenais dans un jardin des Mille et une Nuits; je me créais des fantômes dorés devant lesquels auraient pâli les palais orientaux, et dans lesquels l'image aimée se trouvait toujours. Ainsi, au lieu d'un passe-temps que j'avais voulu me créer, je me sentais une passion. Au reste, cela m'était égal. Ce vide qui me tourmentait, et que j'ignorais peu d'instans avant d'avoir causé avec Thérèse, avait son charme. En vrai sous-lieutenant de vingt ans, je saute à bas du lit, je cours au tiroir de ma petite table, je prends du papier, j'écris, c'est-à-dire que je veux écrire; car je ne sais par où commencer. Ce n'est pas que les idées me manquent; mais quel ordre leur assigner? quel ton prendre?... Je tremble, je divague, je redoute de ne pas dire assez bien ce que j'éprouve. Je n'avais pas ressenti cette crainte près d'elle. Ah! c'est que le papier n'a point d'accens : ce n'est qu'un signe plat et incolore de la pensée; il faut la voix pour la mettre en relief et l'aviver par des nuances. Puis, quand on parle, le ton varie selon l'effet produit; on étudie à chaque minute dans les yeux de l'interlocutrice ce qu'elle pense ou ce qu'elle sent; guidé par ces muets avis, on supprime ce qui déplairait; on ajoute ce qui manque, on adoucit, on sauve telle idée gaillarde ou forte, on relève celles qui seraient trop pâles. Mais s'appesantir sur les difficultés des amours épistolaires n'avance en rien la tendre missive... Laissons-nous aller...! au hasard...! D'ailleurs, qui sait si je pourrai lui remettre ma lettre...? Cette idée me fut plus utile que toutes les autres. Préoccupé de la pensée que j'écris en vain, je laisse courir ma plume, m'abandonnant à ce que mon cœur me suggère, et ne craignant plus d'en dire trop, comme si jamais on pouvait en trop dire. Jamais je ne fus si en verve ; je n'avais pas besoin de modèle; le désir de plaire, les délices que me promettait la possession d'un cœur neuf, tout cela est une Hippocrène plus inspirative que la fontaine des Muses. Mon chef-d'œuvre achevé, je retourne au lit; et cette fois je m'abandonne au sommeil, laissant à un songe agréable le soin de détendre les cordes de mon imagination et de me rafraîchir le cerveau.

Qu'elle est jolie, ma Thérèse! Telle fut ma première pensée en m'éveillant. Je relus ma brûlante épitre, elle me semblait trop froide; je la recommençai, elle ne valait guère mieux ; cependant j'en étais content. Il ne s'agissait plus que d'une chose; c'était de trouver un Mercure pour la remettre à la beauté dont les yeux fripons l'avaient inspi-

rée. Je confiai mon martyre à Arthur. « Ce
» n'est que cela qui vous embarrasse? Soyez
» tranquille, je m'en charge; je la ferai remet-
» tre aujourd'hui même par Mlle Aglaé; elle
» arrivera à bon port : je réponds de votre af-
» faire. Eh bien! comment la trouvez-vous ? »
—« Oh! mon cher ami, elle est charmante ;
» j'en raffole! Son haleine est si douce! ses
» dents si blanches! ses lèvres si vermeilles!
» sa taille si fine! sa main, son pied, tout
» cela...»—« Il parle déjà de *tout*. »—« Oui, je
» suis sûr que tout cela est si gracieux... » Vous
» ne savez pas? j'en ai rêvé toute la nuit. Dé-
» cidément, mon cher ami, je l'adore. Je vous
» en supplie, que ma lettre lui arrive sur-le-
» champ, ou je suis un homme mort. »—« Pes-
» te! mon sous-lieutenant, comme vous prenez
» feu ; vous allez vîte en besogne. Ah çà! n'al-
» lez pas gâter le métier, au moins; un peu de
» modération, et surtout pas de sentiment. A
» cette condition, je veux vous être utile. Vous
» aurez une réponse dans la journée : trouvez-
» vous au café. »

La journée me sembla démesurément longue. Je comptais les heures avec impatience, je jouais pour tuer le temps, et successivement je pris l'écot de tous les habitués du café sans m'en apercevoir. Il était écrit que ce jour serait pour moi un jour néfaste. Enfin Arthur paraît. — « Eh bien ! quelle nou-
» velle ? » — « Mauvaise, mon cher; la pilule
» n'a pas fait effet. La petite n'est pas habi-
» tuée, elle a fait la bégueule pour une pre-
» mière fois. Je m'y attendais : voilà votre
» lettre. » J'étais aussi pâle que M. Persil à l'aspect d'une caricature nouvelle sur les herbes fades, ou qu'un roi qui, après avoir tranquillement pris, dix-huit mois de suite, 500,000 francs de trop, verrait les chambres, non contentes de rogner de six millions la liste civile, pousser la crasse jusqu'à lui faire rendre gorge de l'excédent; ce qui certes n'est pas poires molles.

« Comment ! cela vous décourage ! Mais
» au contraire, tenez-vous gai. Voudriez-

» vous qu'elle eût reçu avec honneur et re-
» connaissance,

« Et comme accoutumée à de pareils présens, »

» la lettre d'un homme qu'elle ne connaît
» que d'hier, et avec qui elle a joué à la
» main chaude. Allons, recommencez votre
» lettre; laissez la date en blanc, et je me
» charge du reste. » Je me laissai conduire
par mon confident; et, au bout de quelques
jours, j'eus une réponse qui me rendait le
plus heureux des hommes.

Cette heureuse lettre n'était pas excessivement longue; mais ce qui la rendait précieuse, et ce qui promettait immensément, c'est qu'on m'y indiquait le moyen de répondre sans employer un tiers. C'est à l'église que se faisait l'échange de notre correspondance. Et dites encore que la dévotion est chose inutile ! Dieu sait si je fus assidu au saint lieu, et si j'usai de la permission que l'on m'octroyait tacitement ! Ce petit commerce de lettres dura deux mois.

Chaque jour ajoutait à ma tendresse, et chaque jour aussi je remarquais dans le cœur de ma jeune amie des progrès sensibles. J'étais déjà parvenu à vaincre bien des scrupules : il en restait un à surmonter ; c'était celui d'accepter un rendez-vous. Ce premier pas fait, j'étais sauvé.

« Et elle perdue, » allez-vous dire ? — Eh bien ! vous avez deviné. N'est-ce pas par là qu'il fallait immanquablement finir ? Un peu plutôt, un peu plus tard, qu'importe ? C'était bien assez tard. Près de trois mois entre le commencement de la connaissance et le dénoûment obligé. La chambre d'une blanchisseuse, la complaisance même, servit d'asile aux mystères de notre liaison. Un jour vint où ma jolie Thérèse, croyant ne laisser chez sa repasseuse que des fichus et des guimpes, y perdit ce qu'on ne perd qu'une fois dans sa vie, et ce qu'on ne retrouve que chez les autres. Après bien des larmes, je fus heureux : je n'eus plus rien à désirer. Les entrevues, dans le commencement, furent accompagnées d'assez d'obstacles, pour que l'amour survécût à la possession. Elles étaient rares, elles étaient courtes. Mais

§ 5.

L'INFIDÉLITÉ. DESCRIPTION ABRÉGÉE D'UN CORPS-DE-GARDE. BOUT DE CONVERSATION DANS UNE ALLÉE. LA PORTE ENFONCÉE.

Il y a dans cette absence de résistance quelque chose de si déphlogistiquant pour l'amour, qu'au bout de quelques séances, le prestige fut détruit. L'indifférence prit la place de l'empressement : l'inconstance ne pouvait tarder à suivre. J'allais encore au rendez-vous, mais je ne devançais plus l'heure; je n'y apportais plus cette ivresse, cet abandon qui avait signalé les premiers mois de ma passion; il me fallait autant d'efforts pour donner à mes caresses l'apparence de la vivacité, que jadis il m'en avait fallu pour modérer ma pétulance. En me rendant à l'asile secret de nos amours, je jetais à droite, à gauche des regards précurseurs d'infidélité. Il n'en était pas de même de ma Thérèse; j'étais aimé sincèrement, et l'on avait pris sérieusement à la lettre tout ce que je promettais d'inextinguibles flammes, d'éternelle tendresse. Chaque jour la sienne augmentait, et moi indigne, si j'allais croissant, ce n'était plus pour elle. Malgré mes efforts délicats pour l'abuser sur l'affaissement de mes feux, elle s'aperçut bientôt qu'elle aimait seule. Les femmes ont pour cela un tact auquel il est impossible de donner le change. A partir de cet instant, désolée et doublement mécontente, elle négligea ce que jusque là elle avait voulu préserver de toute atteinte, sa réputation; et, docile aux suggestions de la jalousie, elle voulut, à tout prix, connaître celle que je lui préférais. Mes démarches furent épiées; elle-même, au risque de se compromettre, me suivit de si près, que la cruelle certitude vint bientôt lui dessiller les yeux.

Depuis quelque temps j'avais dépisté sur la route qui me conduisait à mes amours, une jeune fille assez gentille, mais qui, à tout prendre, ne valait pas Thérèse, à beaucoup près. Cette vanité bizarre innée chez l'homme, qui souvent l'induit à dresser un catalogue de ses bonnes fortunes, me poussa si vivement que je m'attachai aux pas de cette belle. Le siége fut moins long que celui par lequel j'avais débuté à Longwy; et quelques démarches me suffirent pour obtenir d'elle l'espérance d'une soumission un peu prompte. Elle se trouvera libre samedi soir; une de ses amies est au lit, malade. C'est l'usage dans les petites villes, quand une fille de médiocre condition est alitée, de n'avoir d'autres garde-malades que ses jeunes amies qui, toutes, à tour de rôle, remplissent vingt-quatre heures durant cet emploi important. C'est à elle d'y passer la nuit de samedi à dimanche.... Oh ! fatalité, car...

... Fatum est et partibus illis!! (1)

le diable qui se mêle toujours de nos affaires, et qui pourtant devrait avoir à cœur de faire réussir celle que j'entreprends, veut que je sois de garde cette nuit-là. N'importe ! advienne que pourra ! C'est pour neuf heures, je quitterai le poste ; peut-être la ronde sera passée. D'ailleurs une femme, quelle qu'elle soit, mérite toujours qu'on fasse quelque chose pour elle.

« Sergent, quelle heure est-il ? » — « Huit » heures, mon lieutenant ; on va bientôt rele- » ver les sentinelles. » Encore une heure ! Je vas, je viens, j'entre dans le corps-de-garde, afin de passer le temps. Je me constitue observateur de tout ce qui m'entoure, j'analyse la physionomie du poste.

1° Un lit de camp, c'est-à-dire un plan in-

(1) Oui ! la fatalité plane sur ces parties
 Que.... etc.
(Trad. inédite de M. DE LA PINÇONNIÈRE, ancien préfet de *la Creuse*.)

cliné en bois, de la largeur de six pieds, une solive pour oreiller : c'est là-dessus que ronflent, comme des bien-heureux, des génies en capote grise, et qui n'attendent pour éclore qu'un soleil d'Austerlitz, qu'un de ces hasards heureux qui changent l'épaulette de laine en graines d'épinards à trois étoiles, et la clarinette de cinq pieds en bâton de maréchal.

2° Autour d'une grande table de cuisine, quatre figures animées, jouant à la drogue avec des cartes dont, grâce à la graisse, les couleurs se sont fondues en une teinte homogène grisâtre et luisante, et dont les angles, usés à force de service, ont laissé le quadrilatère se transformer en ovale. Deux ont sur le nez des morceaux de bois fendus qui leur pincent l'organe olfactif, indice de perte. — « Combien d'atouts ? » — « Quatre ; et » toi ? » — « Trois. » — « Bon ! » — « ils sont cuits ; » coupe du Mandrin (valet)... Bien ! mets du » cœur : c'est cela ! enfoncé ! Encore une dro- » gue. »

3° Autour du poêle les fumeurs, qui font

rougir la consigne (tisonnière en fer), pour allumer les pipes.

4° En un coin (puisque l'ordonnance qui donne à M. de Rovigo la Barbarie à administrer, dit bien *en Alger*), en un coin donc, le caporal, qui cherche à prendre une souris en se servant du fallot de ronde au lieu de souricière, et de la chandelle éteinte en guise d'appât.

Huit heures sonnent.

La conversation est un imbroglio à la Quatremer de Quincy (1). — « Qu'est-ce » qu'il retourne? »—« La dame de cœur. »— « Je la tiens, dit le caporal, qui est enfin par- » venu à capturer sa souris. »—«En faction ! »

(1) Nous rétablissons l'orthographe primitive. L'univers sait aujourd'hui que cet illustre successeur de Visconti a augmenté son nom trissyllabe d'un E muet. Napoléon, car c'est de ce règne que date l'antique noblesse des *Quatremer*, permit le DE à la souche de cette famille à condition que la particule suivrait le nom. Du reste, en retouchant les épreuves de ces mémoires, nous avons eu grand soin de faire séparer, par le compositeur, les deux mots qui tendaient à se confondre.

crie la sentinelle.—« Numéros 1, 2, 3 et 4, en
» faction! » répète le caporal, tenant sa souris
par la queue et ouvrant la porte du poële,
où il l'envoie suivre mieux que chez Ruggiéri
un cours de pyrotechnie. — « Sommes-nous
» prêts? Où est le numéro 4? »—« Il dort com-
» me s'il avait sa masse complète. » On tire par
les pieds le numéro 4, qu'un songe heureux
avait peut-être reporté dans son village, près
d'une vieille mère ou d'une jeune fiancée,
déjà peut-être, comme tant d'autres, bien
lasse d'attendre le héros, qu'une réalité
cruelle force à aller deux heures souffler dans
ses doigts, parler à la guérite, crier « Qui
» vive! » et méditer sur le moyen qu'il em-
ploiera pour décider la respectable bonne
femme à lui envoyer un peu de *quibus*.

Cette diable d'heure était bien longue à
venir! Je continue mes observations.

5° Sur le mur, diverses images tracées au
charbon, qu'un adorateur de Siva aux Indes,
baiserait avec ferveur, croyant y retrouver le
Lingam et l'Ioni, sacrés emblêmes de la

création. Au dessous de ces hiéroglyphes qui n'attendent pas pour être lus l'arrivée de M. Champollion jeune, se lisent des vers. Je tombe sur ce quatrain :

> Si Vénus, cette déesse égrillarde,
> Connaissait de nos lits l'effet merveilleux,
> Elle quitterait ses palais somptueux
> Et son boudoir serait un corps de garde. »

Nous recommandons cette inscription aux récrépisseurs en poésie, qui, en ajoutant ou retranchant par ci, par là quelques syllabes, arriveront à en faire un madrigal tout neuf, et, chose rare chez eux, spirituel. L'inscription érotique me fit rire, sans doute à cause de la coïncidence : et, pour y rêver à mon aise, je m'enfonçai dans mon fauteuil de cuir, les yeux fixés sur ma montre, suivant la course assidue, mais lente des aiguilles, comptant les minutes. Je crois me voir : mon air sans doute était aussi romantique que celui de M. Alphonse de Lamartine, le coccyx sur une pointe de rocher (Voyez le cul-de-lampe, édit. 1825; Paris, Gosselin), avec la lyre d'où émanent les vers à la *sœur en poésie;* ou que le chevalier C. L. F. Panckoucke, sur le fauteuil de Fingal, l'album et les pinceaux à la main.

Neuf moins le quart! je vole à mon rendez-vous. Il était temps! « Je me disais : « Elle ne tardera pas à venir; » elle m'attendait sur le passage.

Nous étions seuls, cheminant le long du rempart. C'était, ou jamais, une occasion : je me devais à moi-même de la mettre à profit. Une allée ouverte est près de nous; je l'engage à y abriter un instant sa pudeur. Nous serons moins à la belle étoile. On dit Non, et l'on entre; l'on entre, et l'on cause; on cause et l'on gesticule; on gesticule et l'on.... Sachez d'abord, afin de comprendre la suite, que le colloque était des plus animés, et que nous parlions, je crois, tous deux à la fois. Crac! tout-à-coup la porte d'une embrâsure, où nous nous étions blottis pour mieux filer la conversation, cède à l'impétuosité de notre éloquence, s'ouvre toute grande! Nous perdons notre centre de gravité; et nous voilà tous deux au milieu d'une chambre, dans laquelle était occupée à tourner un rouet, auprès du feu, une de ces pigrièches pour qui le cancan est l'âme de l'existence. La vieille femme ne vit pas seulement de pain : Jésus et son confrère Saint-Simon l'ont dit ; la fileuse surannée le prouve. C'est, je crois, le verbe (1) fait chair. La sibylle qui, depuis cinquante ans, allait quotidiennement voir tous les mariages que bénissait son confesseur, ne s'attendait pas à ce que, pour contenter son goût, on viendrait en consommer un à sa porte. La frayeur paralysa le pied qui agitait la pédale contemporaine de l'ancienne ; les lunettes tombèrent du nez sur lequel elles étaient à cheval. Un des yeux de verre se brise ; mais n'importe, l'infernale filandière, clair-voyante pour tout ce qui pro-

(1) Nous rappelons à ceux qui auraient oublié, soit leur latin, soit leur catéchisme, ou qui ne l'auraient jamais appris, que *verbe* veut dire parole.

met pâture à sa langue vipérine, nous a reconnus à merveille. Il n'est rien de tel que ces vieilles sorcières pour voir le mal sans bésicles, et pour mordre sans dents. Ma compagne en déconfiture s'était évadée le plus lestement possible; et moi, sans être aussi décontenancé, je ne m'amusai pas à présenter des excuses: je retournai bien vite réfléchir sur ma mésaventure.

§ 6.

SUITES DE L'EFFRACTION QUI N'ÉTAIT PAS A MAIN ARMÉE. SOUFFLETS MATERNELS. ON FERME A CLÉ L'ÉCURIE QUAND LE CHEVAL EST VOLÉ. DUEL.

Le lendemain, je fus le sujet de tous les caquets de la charitable ville, et mon Hélène fut souffletée par madame sa mère, dragon de vertu, depuis qu'elle avoue quarante ans, et depuis que les hommes, de galans qu'ils étaient, sont devenus si grossiers et si froids. Heureux si la renommée qui, lorsqu'elle aura perdu ses mille trompettes, n'aura pas besoin d'afficher deux mille francs de récompense pour la retrouver (la vieille fera gratis leur office), si, dis-je, la bavarde renommée se fût bornée à me tympaniser par-ci par-là dans le cercle des curieux indifférens, à me tambouriner dans tout Longwy! Mais une autre personne encore était victime de ma légèreté; dans ma chute j'avais laissé tomber une lettre de ma Thérèse, et je ne m'en étais aperçu que long-temps après ma rentrée au corps-de-garde, dont elle devait charmer les ennuis. Lorsque je voulus la revoir, vingt copies circulaient dans la ville et alimentaient les cancans. Ma pauvre amie fut perdue, déshonorée, maltraitée par ses parens, gardée à vue : en un mot, ce fut à partir de cet instant le Paria de la famille. J'en étais la cause; et la cause ici était accompagnée d'une offense nouvelle qui la rendait inexcusable. J'avais un vrai chagrin. Encore si je pouvais

me disculper! Peut-être croit elle que c'est moi qui ai répandu sa lettre; peut-être la calomnie envenime-t-elle encore le motif de mon indiscrétion. Ma position était horrible. Dans l'impossibilité de voir ma Thérèse, désormais gardée, comme la fiancée du roi de Garbe, il est vrai, je me remis à l'aimer; j'éprouvai toute la violence des feux que m'avait inspirés son aspect, et que si long-temps avait nourris sa tenace résistance. Il est donc vrai que quand on n'a plus sa maîtresse à discrétion, on recommence à la désirer, et qu'il n'est que la difficulté pour entretenir ce que ces dames appellent le feu sacré... Mais, pchcht! ne révélons pas aux belles lectrices, dont nous ambitionnons les *Oui*, la puissance du détestable *Non*. La rage au cœur, je mixtionnais en moi mille projets de vengeance : j'allai chercher des consolations auprès d'Arthur. « C'est une affaire dé-
» sagréable, mon cher! mais aussi, que diable?
» qu'alliez-vous faire dans cette galère? car,
» voilà le nom qui convient à votre couloir,

» que Dieu confonde! Ma chambre n'est-elle
» pas à votre disposition. Voilà! voilà!.. vous
» avez voulu voler de vos propres ailes; et il
» vous est advenu la même aventure qu'à
» M. Icare, de folle et fringante mémoire. »

.... *Vetulis daturus*
De quoi cancané *linguis* (1).

» Maintenant, c'est un parachute qu'il vous
» faut. Voyons, il y a encore un peu de remède.
» D'abord, allez trouver la vieille, et sachez à
» qui elle a remis, transmis ou commis le doux
» billet. Connaître l'auteur primitif des copies,
» voilà, sur toutes choses, à quoi vous devez
» viser. Il est singulier que le premier péquin
» venu se permette de se mêler d'affaires qui
» doivent rester entre militaires, et de livrer
» des duplicata de nos instructions secrètes.
» Ce serait de mauvais exemple. Voyons,
» vous êtes propriétaire d'une de ces copies;
» montrez-la moi. Tiens, c'est singulier! voilà

(1) Nouvelle leçon d'un manuscrit d'Horace, dont mon lieutenant préparait une édition: l. IV, od. 2.

» une écriture que je connais, j'ai vu cela quel-
» que part.... Attendez donc.... oui.... ce doit
» être cela ; je crois que j'y suis. Avant de rien
» faire, il faut s'assurer de la vérité. Je vais
» aller en éclaireur, et si c'est ce que je pense,
» nous allons rire. Vous savez tirer ? » Je fais
signe que oui). « C'est bon ! » et il sort.

Arthur avait deviné. Une heure après il revint le visage radieux et se frottant les mains : « Ah ! je tiens notre homme. O'pomp-
» foulant, cet artilleur hydraulique employé
» à l'hôpital, est bien le coupable. Vous ne
» savez pas, vous partie intéressée, qu'il a
» long-temps couché en joue la petite ; mais
» comme elle n'était pas malade, elle n'a pas
» accepté ses services ; et le polisson a cru
» faire un coup de maître en ayant recours
» à cette petite vengeance. Mon cher, il faut
» absolument en découdre. Chauffez-moi la
» peau à ce camarade-là. Il a besoin d'ap-
» prendre à vivre, si c'est à vivre toutefois
» que vous devez lui montrer. Je suis votre
» second, allons le trouver. » La recomman-

dation était inutile. J'étais servi à souhait en trouvant ainsi sur qui me venger. Je concevais alors combien a eu raison celui qui le premier nomma la vengeance le plaisir des Dieux. Nous courons d'un trait chez le descendant de *Dardanus*. Une courte explication et un argument du genre de ceux que le Vestris de la conférence de Londres fait payer cent écus à monsieur de Maubreuil, nous amena sur le pré. Arthur, en homme pour qui ces rencontres ne sont pas neuves examine au préalable si le terrain est bien sec et bien plat; puis il mesure l'un sur l'autre les deux fleurets démouchetés, fait voir qu'ils sont égaux et nous en donne à chacun un. Déjà nous avons mis habit bas; le second témoin cherche à parlementer. « Nous ne sommes pas venus ici pour enfi- » ler des perles, » coupe péremptoirement Arthur. « Ainsi en garde. »—« Y êtes-vous, » monsieur ? »—« Oui, monsieur.»A ce mot de M^r Du Clysoir, nos lames se croisent. Bientôt le feu nous monte au visage; nous nous animons, et cherchant à prélire dans les yeux l'un de l'autre les mouvemens de nos épées, nous faisons résonner les appels de pieds. Après plusieurs attaques et ripostes, je trouve ma belle, je pars droit. « Vous êtes touché, disent à la fois à mon rival les témoins qui ont chacun l'épée à la main pour relever nos fers. »—« Ce n'est rien, » répond mon adversaire dont la chemise commence à se rougir de sang; « je ne suis pas satisfait. « C'est trop juste, monsieur! en garde. » Le témoin veut s'y opposer. Arthur qui devine ma pensée laisse faire. Nous n'écoutons plus rien. Je reçois un coup qui me traverse le bras; je riposte ; on veut nous séparer.... il est bien temps ! O'pompfoulant est tombé sur le gazon. « *Je suis mort!* » est tout ce que je puis entendre. Je jette au loin mon épée; et sans savoir ce que je fais, je regagne la ville en courant, je me renferme, je me mets au lit. Au bout de quelques minutes la fièvre me prend. Dans mon délire, j'oublie de me faire panser. Une idée absorbait en moi toutes les autres. J'avais tué un homme. Tout-à-coup on entre chez moi...; il faut la voix et les questions amicales d'Arthur pour que je le reconnaisse. Sans cela je m'imaginerais voir sous mes yeux le fantôme de ma victime. « C'est ainsi que vous quittez les » amis ? Qu'est-ce que vous avez ? »—« Je l'ai » tué ! il est mort ! »—« Mort... de peur; rassu- » rez-vous, ce n'est rien ; un demi-pouce dans » le ventre, voilà tout ! S'il avait eu affaire à » moi, il n'en serait pas quitte à si bon compte. » Et votre bras? Il ne faut pas négliger cela. » Je vais vous envoyer le chirurgien. »

Mon duel était déjà connu de toute la ville. La déesse aux cent voix dont le gazouillage, en échauffant ma bile, avait été la cause prochaine de cette affaire, s'était emparée du nouvel évènement pour l'enjoliver et le commenter à son gré. J'étais à la mort. On avait même vu le confesseur, avec accompagnement du bon Dieu, et des saintes huiles sortir de chez moi. Le fait est que j'étais très-mal. Ma blessure était grave ; j'en souffrais beaucoup, et l'émotion que l'honneur nous fait une loi de dissimuler m'avait donné un violent accès de fièvre. Ainsi que Pascal qui reculait sans cesse devant un gouffre imaginaire, ou comme cet hypocondriaque sur le nez duquel revenait sans cesse une maudite araignée invisible pour tout autre, je voyais sans cesse un fer me voltiger capricieusement sur la poitrine, et O'pompfoulant tomber à la renverse baigné dans son sang sur le gazon. Le lendemain, je me sentis un peu plus calme. Le repos, la fraîcheur de la nuit, l'appareil posé sur mon bras par le chirurgien m'avaient soulagé. Il m'était permis de me lever, de me promener dans ma chambre. Ainsi cloué à une espèce d'arrêts forcés, je réfléchissais sur ce faux point d'honneur qui veut que pour une vétille vous vous coupiez la gorge, comme si la vie n'était pas d'elle-même assez courte. Je prenais déjà la ferme résolution d'être sage, à peu près comme les cliens de feu Cullerier, de mercurielle mémoire, se promettent de prendre garde dorénavant. En tournant les yeux vers la table j'y aperçus un petit papier plié soigneusement, je l'ouvre.

« Mon cher Eugène,

» Je sais tout; je brave la colère de mon père.
» Nulle puissance au monde n'aurait pu me retenir.
» Je suis venue; vous dormiez. J'ai voulu vous voir
» pour la dernière fois. J'ai vu votre bras enve-
» loppé. On m'assure qu'il n'y a aucun risque pour
» vos jours. Cette certitude me rend moins mal-
» heureuse. Adieu, je pars. Puissiez-vous m'ou-
» blier aussi vîte que je serai long-temps à y par-
» venir !
» Thérèse. »

Je dévorais ce dernier témoignage d'amour. Je le relus avec délices; je couvris de baisers la place où il était facile de reconnaître l'empreinte de pleurs, de pleurs sincères et abondans, bien différens de ceux des grisettes de Philippon, qui, lorsqu'elles écrivent la missive de justification au monstre qui a douté de leur fidélité, trempent un doigt malin dans un verre d'eau en même temps que la plume dans l'écritoire, et disent : *Encore une larme sur injustes soupçons!* Thérèse est donc partie! partie, pour quel pays? Oh! alors je retrouve toute ma fureur, et je regrette de ne pas l'avoir assez vengée.

Comme il n'est pas d'éternelles douleurs,

Pas plus qu'il n'est, hélas! d'éternelles amours,
(FEUILLES D'AUTOMNE *d'un ancien.*)

j'oubliai en peu de temps des chagrins que mon bon ami Arthur m'apprit à envisager du bon côté. Mon épisode m'avait valu, dans le nid de cigogne, une célébrité dont je recueillis des indices avant même que ma guérison me permît de rentrer dans le monde. Je fus quelques semaines à la mode. Les consolatrices affluèrent. Longwy a cela de bien; c'est comme partout : il est plus facile d'y faire quatre maîtresses que de s'y défaire d'une seule, à moins qu'un ami officieux ne s'avise *sponte suâ*, et sans être de ce par qui de droit requis, de vous rendre le service de vous la souffler.

§ 7.

LA FILLE DU MAITRE D'ÉCOLE. LE BUDGET DU SOUS-LIEUTENANT. ADIEUX AUX ÉCUREUILS DE LONGWY.

J'avais été assez malheureux dans mes débuts. Pour y faire diversion, je résolus de donner un but aux promenades que nous faisions sur la place les jours de marché. Une grande brune, dont la tenue sentait un peu moins la campagne lotharingienne que celle de ses agrestes compagnes, attira mon attention. Elle était fille d'un bon maître d'école de village, de plus coquette, à ce qu'il me parut, circonstance qui certes, à Nanterre, ne l'eût pas empêchée d'être proclamée à l'unanimité, par M. le maire, rosière.

Pour moi, qui ne recherchais pas une vertu au grand complet, je décrivis bientôt des cercles de plus en plus resserrés autour de la belle, quoique dès la première vue je me fusse bien aperçu qu'elle savait beaucoup de choses que son père n'enseignait pas. Nos arrangemens ne furent pas longs à conclure. Au lieu d'aller au marché, la rusée villageoise m'attendait à moitié chemin, au beau milieu d'un bois baptisé par les nombreux visiteurs du nom de « Bois de la Folie, » ce qui prouve que d'autres l'avaient inauguré avant moi. C'est donc là que se débitait la marchandise. Je payais les fruits, les fleurs et les légumes, comptant; une mare d'eau était chargée de la consommation; puis Louise retournait au village.

Ce manége dura un mois. Je remarquai que chaque fois lesdites fleurs et lesdits comestibles augmentaient et de quantité et de prix. J'avais ainsi l'avantage de me mettre au courant de la mercuriale du marché aux choux, et de chagriner mon caporal d'ordinaire (1); mais cette science commerciale me coûtait cher, et infailliblement m'aurait ruiné si je n'eusse pris le sage parti de renoncer aux entrevues champêtres. Un déficit dans les finances, un désordre dans le budget, voilà sans nul doute des raisons dirimantes pour qui n'est pas encore bronzé au point de préférer un joli minois à l'effrayante perspective de déposer son bilan. Un officier n'a pas, comme le marchand de calicots, ou un des soixante agens-de-change de la Bourse de Paris, l'espoir de faire fortune par un concordat. Jamais ses créanciers ne sont assez généreux pour se contenter de quinze pour cent à trois années de terme. Il n'a pas même la faculté de payer en se divertissant, soit rue de la Clé, soit dans quelque succursale

(1) Le caporal d'ordinaire est chargé de diriger les dépenses culinaires de la compagnie. C'est lui qui paie le frater et la blanchisseuse. Quelle que soit l'intégrité que l'on cherche à trouver dans ce fonctionnaire, il est de toute impossibilité d'atteindre une perfection *morale* qui ne se trouve chez aucun haut employé qui manie les fonds de l'état.

de ce purgatoire des insolvables. La Sainte-Pélagie d'un officier c'est la destitution ; et ses *Anglais* (1) ne perdent pas pour cela leurs droits.

Il faut une économie horriblement sévère pour ne pas s'exposer mensuellement à de pareilles chances. Voyez à la fin du mois le sous-lieutenant établissant son budget. Il est près d'une cheminée à marbre de bois ; deux tisons de bouleau flotté, qui se baisent, le chauffent à peine et jettent plus de fumée dans le taudis que de calorique à ses doigts. Mais vingt-deux pièces de cent sous s'élèvent en pile devant lui, sans compter la rixdale de deux francs, jetée en védette sur le flanc du corps d'armée. Il règle l'emploi de cette somme colossale sur le dos de la couverture d'une *Théorie*.

(1) Au risque d'apprendre au lecteur ce que peut-être il sait malheureusement aussi bien que nous, coutumiers du fait, nous dirons ici qu'en style carabin on nomme anglais un créancier. Peut-être cette dénomination vient elle de ce que depuis 1815 nous leur devons quelque chose.

fr.
50 à mon auberge.
18 à logement.
5 à domestique.
2 à éclairage.
10 à café, bains, lecture, etc., etc.
5 à chauffage.
20 par mois à maître tailleur.
6 *dito* à maître bottier.
———
Total. 116

Déjà cent seize! Son sang glacé marque quinze degrés au thermomètre centigrade. Il est tout entier en proie aux amères méditations, et se demande par quel moyen il comblera ce déficit. Il a beau compter, recompter, rogner, épuiser son génie en profondes combinaisons, il n'a toujours que cent douze francs, et en voilà déjà cent seize d'absorbés. Et! la blanchisseuse qui n'a rien! et le chapelier porté au budget pour zéro! et le passementier qui n'a pas un rouge liard! et les bals et les soirées, le renouvellement de linge, les gants, vingt autres nécessités, vingt autres futilités qui sont imposées à l'officier, et dont ne peuvent se douter ceux qui n'ont point passé par là, ou ceux qui l'ont oublié ! On parle de castes vouées à la misère, aux souffrances, aux privations! je les plains; mais que l'on se mette bien en tête que les officiers aussi figurent parmi ces castes souffrantes, et peut-être à la tête; car du moins les autres peuvent se plaindre, mais le militaire doit subir son sort en silence, et se contenter d'avoir un peu d'or aux basques de son uniforme, tandis que la prodigalité est à l'ordre du jour, et que tant de Midas, incapables de faire œuvre de leurs dix doigts, aspirent l'argent comme la machine pneumatique s'empare de l'air. Jamais encore un observateur, au crayon véridique et à la spirituelle palette, n'a fait de descente dans cette chambre où a fait élection de domicile une brillante misère, et qu'habita *anch'esso*, celui qui eut l'Europe à ses pieds. Asmodée n'a pas eu le temps ou n'a pas eu la pensée d'en enlever le toit pour en révéler les contrastes. Eh bien! don Cléophas, suivez un guide qui n'a que trop long-temps été parqué dans cette retraite menteuse; promenez les yeux sur cette simple cheminée que décore le hausse-col doré, la pipe d'un sou, et l'antique blague à tabac, dont les possesseurs successifs n'ont pas été moins nombreux que ceux du sceptre donné par Vulcain à Jupiter, par Jupiter à Mercure, par Mercure à Tantale, par Tantale à Pélops, par Pélops à l'illustre Atrée, de qui les mains le transmirent à celles d'Agamemnon à la large puissance. *Item :* une paire de pistolets de demi-arçon, pendus au-dessus de la commode. *Item :* deux fleurets en croix, avec le masque en dessus et le gant en dessous. *Item :* d'après le principe d'Horace et de M. de Mauléon, *utile dulci*, la flûte de buis; deux ou trois volumes de romans, une brosse, un chandelier de fer à coulisse, pêle-mêle sur la table. *Item :* des vêtemens épars sur chaque chaise. *Item :* un lit presque perpétuellement dans l'état de ceux que quitte un couple non conjugal; des bottes crottées, au juste milieu de la chambre : piquant désordre qui n'est point un effet de l'art, comme celui de l'ode sur la prise de Namur, et qui est l'image fidèle, mais affaiblie du raout, dont la tête du sous-lieutenant est le théâtre. Car cette preuve irrécusable de la pénurie quotidienne, cette pile insuffisante de Louis-Philippe ou de Louis XVIII est bien faite pour déchaîner dans son cerveau le diable qui bientôt dansera dans sa bourse. Il se promène à grands pas, de l'air de Marius sur les ruines de Carthage, ou d'un Carbonari qui veut être garde des sceaux (Barthe). Il contemple douloureusement sa dépense; voyez-le. Il se plaint; écoutez-le. Il trouve absurde que, placé en dehors de la société, il ne lui soit pas même permis de dépenser, à sa fantaisie et à son profit, les onze pistoles que l'État lui alloue. Il se récrie surtout sur cette impérieuse disposition qui l'oblige à jeter à une table commune la moitié de son avoir. Il ne peut concevoir qu'on force tout ce qui porte épaulettes métalliques à manger ensemble à un taux le même partout. Il sait qu'à moins de frais il pourrait trouver bien mieux que ce qu'on lui impose. Il a reconnu par une expérience de tous les jours que le but ostensible de cette disposition qui doit, dit-on, habituer les officiers à vivre unis, et comme des frères, est manqué complètement, et qu'au contraire c'est presque toujours à la table commune que s'élèvent les rixes dont le dénoûment a lieu sur le pré. Ceux qui se conviennent ne savent-ils pas fort bien se réunir, sans dîner de force à la même table et au même prix? et ces individus, avec lesquels on est d'autant mieux en harmonie qu'on les voit plus rarement, doivent-ils, bon gré, mal gré, être placés à vos côtés deux fois par jour?

Mais, autant en emporte le vent! les plaintes de tout ce que l'armée compte d'officiers raisonnables et doués de quelque bonne foi sont, et long-temps encore seront superflues. L'heure des améliorations n'a pas encore sonné, et ce n'est pas du jour au lendemain qu'un article aussi incendiaire que celui de la CHARTE-VÉRITÉ qui porte : *Tous les Français sont égaux en droits* pourra s'appliquer sans danger au militaire qui veut avoir le droit de dîner, moyennant son argent, où bon lui semble.

Jean-Louis, mon premier conseiller, mon introducteur, mon Mentor (mais, cette fois, ce n'est pas Minerve qui avait emprunté ses traits pour donner des leçons à un moderne adorateur d'Eucharis); Jean-Louis avait un moyen plus simple et plus philosophique de trancher dans le vif les difficultés pécuniaires. Il faisait à chacun son lot, mettait les parts en ordre de bataille sur sa table, semblable à celle d'Horace (1), quoique primitivement elle eût été à quatre pieds tout comme une autre; puis, son œil, injecté de vin,

(1) ..... *Modo sit mihi mensa tripes*, etc.
(HORACE, *Satires.*)

errait piteusement comique sur ces fragmens de la paie mensuelle. « Et toi, mon pauvre » Jean-Louis! Jean-Louis, mon bon ami, » qu'est-ce qu'il te reste, à toi? rien! Rien....? » ce n'est pas assez!.....Messieurs, vous repas- » serez. » Ce disant, d'un tour de main rapide, rapace comme le rateau du croupier, il faisait raffle des cent douze francs, se gardait religieusement de payer un sou et allait au cabaret, en vidant bouteille, multiplier les condoléances de ses pauvres créanciers, auxquels il lui était impossible de lâcher un maravédis.

Pour moi, au moins, j'avais le bonheur de ne pas avoir à combattre par des sacrifices journaliers ma propension au plaisir. Ma respectable mère, pour prendre encore une fois les idiotismes des jean-jeans, me mettait à même de ne pas éprouver d'insomnie de la part de mes créanciers. Quand j'allais trop vite en besogne, j'en étais quitte pour me modérer jusqu'à ce que j'eusse rétabli l'équilibre entre la recette et la dépense, et que la caisse, grâce aux cent douze francs régimentaires, et à une seconde branche de voies et moyens, eût recouvré cet embonpoint qu'on ne voit pas diminuer sans douleur. Jusqu'alors du moins j'avais suivi ce système.

Longwy commençait à m'ennuyer; je connaissais la ville entière, la ville entière me connaissait. Thérèse partie ne revenait plus. Nous étions nous-mêmes à la veille de quitter ce séjour quasi-aérien. A quoi bon chercher de nouvelles amours? Dans les villes de garnisons, les demoiselles ont ce tact-là : quand la deuxième année s'écoule, elles cessent de donner dans le sentiment. Elles font cœur neuf pour recevoir les arrivans, et elles font bien. Au bout de deux ans, les héros qui, comme Sosthènes, veulent de la morale après tout, et qui en conséquence s'imaginent qu'ils ont envie d'épouser en dedans de l'église, se sont prononcés. Il n'y a plus rien à faire pour celles qui ont voulu escompter le mariage; elles sont blasées comme après dix ans de ménage, et elles savent trop bien à quoi s'en tenir pour s'embarquer dans une liaison dont le commencement précédera de si peu la rupture. Le jeu, disent ces belles, n'en vaut pas la chandelle. Partez, messieurs, ce n'es plus pour vous que le four chauffe. Les successeurs, il faut l'espérer, renouvelleront ou épouseront les sottises des devanciers. Ce sont là des principes tellement enracinés dans les têtes femelles d'une ville qui a l'avantage d'avoir des casernes et l'honneur d'y loger ou régiment, ou bataillon, que les plus jeunes filles mêmes en possèdent la théorie long-temps avant d'avoir goûté de la pratique. La conclusion naturelle de ces aphorismes fondamentaux de la vie militaire et galante est que, quand le ban et l'arrière-ban des gamins de la ville connaissent le nom, le grade, le logis et, ma foi, le sentiment de chaque officier, on est sûr de voir bientôt la garnison quitter la ville. Cet infaillible avant-coureur du départ avait été signalé par tout le monde. Nous ne tardâmes pas à recevoir l'ordre de faire place à d'autres. Lauterbourg, voilà le lieu qui va nous recevoir. A chaque instant, mon impatience, mon imagination, mes rêves de nuit et de jour me transportent dans cette belle, petite, pauvre et champêtre cité du Bas-Rhin. Les rameurs de ce héros transi, avec lequel les *Tissotins* nous ont bercés, criaient en battant des mains, *Italiam, Italiam*. A leur imitation, nous disons tous, Lauterbourg ! Lauterbourg !

CHAPITRE IV.

§ 1.

DÉPART. COMMENT ON ACQUITTE SES DETTES. LE SENTIMENT ET LA CONDUITE. DIALOGUE DES SOLDATS EN ROUTE. LE POUF.

Un changement de garnison dans une petite ville est une révolution qui fait époque. Un brave homme de mari vous dira : « Nous » nous sommes mariés du temps du 15e, ma » fille est née du temps du 18e, mon fils du » 8e léger. » C'est un genre de chronologie tout comme un autre. Dans Paris même, il se trouverait éminemment propre à favoriser la mémoire, vu que les faits et gestes de mainte belle se classent naturellement d'après le départ et les arrivées de chaque corps militaire. Aussi le départ fait-il sensation. La veille surtout, un spectacle, tout-à-fait pittoresque, s'offre au crayon du faiseur de caricatures. On ne voit dans les rues que malles, porte manteaux et paquets. Le civil et le militaire sont hors d'eux-mêmes; toutes les femmes sont en émoi; tous les hommes sont en l'air : c'est un déménagement complet. A la tête des plus affairés se remarquent ces pauvres diables de cabaretiers; ils se donnent une peine infinie pour trouver à la caserne ceux de leurs habitués qui oublient de leur dire adieu. Et à la pâleur impatiente de leur physionomie, on voit combien ils redoutent que l'amateur du jus de Bacchus à quatre sous le litre, n'ait chargé le tambour-major de régler le compte avec le créancier. Ce réglement de compte est tout ce qu'il y a de plus expéditif. Le grand homme du régiment élève diagonalement, et d'un coup qu'il saccade en deux temps, la canne à pomme d'argent dans les airs; les tapins exécutent le roulement; et *tout est payé.*

Le moyen de ne pas être obligé de battre monnaie de cette manière, quand on touche de total 0 fr. 45 centimes, dont 30 sont pour la nourriture (l'ordinaire), 10 à la masse, et 5 pour faire le garçon!

Au milieu de ce remue-ménage, où règne un air de tristesse infiniment honnête, on voit les officiers visiteurs porter, dans toute la ville, leur carte de congé. Quelques-uns même, dans la crainte d'oublier la moins importante de leurs connaissances, vont frapper à la porte du dépositaire de papier timbré. Il est bon d'avoir des amis partout. D'ailleurs, quand on quitte, il est rare que l'on n'ait pas certains engagemens à remplir. Il y a des gens si ridicules, si susceptibles, et d'un caractère si atrocement sceptique, qu'ils ne veulent accepter aucune marque de souvenir, qui ressemble à une promesse d'amour. Les fournisseurs et les marchands de toute nature, sont surtout ferrés à glace sur ce pyrrhonisme; et il est impossible de rien obtenir d'eux, si l'on ne décore de sa signature un de ces chiffons oblongs, que la régie fait payer trente-cinq centimes en échange du timbre gracieux, de la balance, de la main de justice qu'elle appose à la superficie.

Ces petits arrangemens quasi-pécuniaires terminés, il reste un chapitre à régler; mais celui-là ne figure pas, du moins dans son entier, au budget : c'est le grand chapitre tendresse, autrement dit sentiment. Si de part et d'autre on voulait y mettre un peu de franchise, on ferait une grande économie de grimaces; car enfin, on en a remplacé d'autres, et d'autres vous remplaceront. Mais, non! ces principes sont trop simples pour être d'une application élégante. Ce sont des larmes, des soupirs, à renverser des arbres, des sermens de ne s'oublier jamais, de s'adorer toujours, surtout d'être fidèles. Autant en emporte le vent. Demandez au vaguemestre ! ce Mercure épistolaire vous dira que c'est pendant les premiers quinze jours, un déluge de lettres à en perdre la tête ; mais vienne la fin du mois, c'est à peine s'il voit encore quelquefois le timbre de la dernière garnison. Il est de règle, qu'un départ doit être arrosé de toute manière. Ces dames et femmes le savent; aussi gémissent-elles. Dans le désespoir de rigueur, elles vont jusqu'à se frotter les yeux, bien soigneuses néanmoins d'en ménager un pour mieux voir les arrivans; d'autres s'arrachent les cheveux, mais ils repoussent, cela n'engage à rien ; d'autres vous en coupent une mèche : il est reçu que ces mèches-là tiennent perpétuellement votre cœur dans cet état d'incandescence que chérissent les belles. Ce n'est pas qu'en tout cela il n'y ait quelques éclairs de véritable sentiment; mais les distinguer est fort difficile. 1° C'est rare. 2° La sincérité n'empêche pas qu'on ne se console vîte.

3° Il en est qui trouvent gracieux ces gestes simples et pathétiques de la personne véritablement affligée, et qui les imitent. Voyez ces mains posées sur le cœur, cette pantomime pleine d'expression, ces yeux qui semblent gros de larmes : voilà le spectacle qui s'offre à vous gratis, jusqu'à ce que l'on ait perdu de vue l'objet aimé.

Dès que le régiment est arrivé à la queue des glacis, on rentre bien vîte ces larmes, qui gâtent la limpidité des yeux, ou bien on les garde pour une autre occasion.

Je sentais que j'aurais eu aussi ma part de pantomime sentimentale, si ma Thérèse se fût encore trouvée à Longwy; mais la séparation datait de loin. Je ne pensais qu'au plaisir de faire ma première route militaire, et je fus un des premiers à me rendre à la *diane* de départ.

Le tambour bat dans la cour du quartier; les soldats descendent, les rangs commencent à se former, on fait l'appel. C'est au milieu de ceux qui ont noyé leurs regrets dans le vin, au bruit des ustensiles qui tombent des croisées, et qu'on brise, parce qu'on ne peut les emporter, qu'il est difficile de se faire entendre. Les belles rôdent autour des rangs, et là recommencent le concert de sanglots, d'embrassemens. La discipline se trouve un peu dérangée par ces effusions de sensibilité; et la prodigalité avec laquelle les glandes lacrymales épanchent leurs trésors, tachent le baudrier du héros à 5 centimes. C'est avec peine que l'on parvient à se mettre en marche; on traverse la ville; des bonnets de nuit pavoisent les fenêtres. Les uns vous souhaitent bon voyage, les autres vous donnent des bénédictions. Quelques bons maris, qui osent penser que si vous fussiez resté six mois de plus, leur chaste moitié eût fini par céder à vos feux, applaudissent tout bas, et vous souhaitent bon voyage. N'est-il pas clair que votre départ préserve leur front de malheur ?

Quand le jour vient éclairer la scène, la troupe marche sur deux lignes, une de chaque côté de la route; en tête la bande sans souci des tambours; au milieu des officiers qui s'entretiennent de leurs aventures passées, présentes et possibles: jamais on ne fut plus disposé aux épanchemens. On s'éloigne; patience, on va tout savoir, même ce que le dernier de la joyeuse compagnie aurait voulu faire. Derrière la colonne marchent les utiles cantinières qui attendent le moment de relever le moral de ceux à qui le chagrin attendrira les pieds. Plus loin, pilant le poivre, s'avance un groupe de traînards; des femmes sont avec eux. Les unes tiennent le fusil, d'autres portent le sac des galans, quelques-unes voyagent chargées d'un paquet qu'il est impossible pour le moment de baptiser. Enfin arrive l'instant où les traînards mêmes ne peuvent différer la séparation. Il faut se quitter; les mouchoirs s'agitent; chaque soldat reprend ce qu'il est humainement possible de reprendre et regagne son rang. Ce qui complète le tableau, c'est une meute de chiens de toute espèce qui parcourent les rangs, sautent, aboient, remuent la queue et feront quatre fois la route, tant ils sont ravis de quitter une ville où ils pensent qu'il n'y a plus rien à manger.

Les chansons, les bons mots des soldats, un nuage épais et fantastique de fumée de pipe (pour le dire en passant, ne serait-ce pas là cette colonne de fumée qui marchait devant les Hébreux dans le désert) répand sur cet ensemble un air de vie et de gaîté qui empêche qu'on ne songe aux ennuis de la route.

« Hé, Pacot! ». — « Quoi que tu veux, Chau-
» vin? » — « Dis donc, mon ancien, les grena-
» diers font joliment trimer les ramasseurs de
» fourreaux de baïonnettes (voltigeurs); cor-
» bleu! quel train! on dirait qu'ils voyagent à
» trois sous par lieue. » — « S.... tonnerre! de-
» main nous les rattraperons, va! » — « Serrez!
» serrez! » crient les sergens. « Lieutenant, vou-
» lez-vous du feu? Tenez, lieutenant, voilà de
» l'amadou. » Tels étaient les cris qui interrompaient le dialogue.

« O hé, pays! » — Chauvin! quoi que t'as dit

» à la flûme (maîtresse) ; parie que tu n'y
» as laissé q'ses yeux pour pleurer. »—« Moi?
» j'y ai laissé le ventre enflé et un pain d'amo-
» nition. » —«Oh! oh! tu as laissé un pain! com-
» bien que t'en as vendu des pains pour faire
» femme? T'es maigre comme un coucou. »—
« C'est bon va! comme dit l'ancien, quand
» je serai rogneur de portion et caporal
» d'ordinaire, je veux du pain blanc sur la
» planche et j'en aurai, ou j'avalerai le canon
» de mon Gisquet. »—« Qu'est-ce qui veut
» chanter?... Allons hé! en avant! La Tulipe, dis
» tes adieux aux écureuils; allons, Pacot, on di-
» rait que ton veau (sac) t'a coupé la musette
» (parole)! »—« As-tu payé ton pouf (dette)? »
« — Va t'y faire mordre. »

§ 4.

LA HALTE. L'AUTRE MOITIÉ DE L'ÉTAPE. LA PLACE AU FEU ET LA CHANDELLE SEULEMENT.

On a déjà fait quatre lieues, la fatigue

s'annonce; les chants ont cessé; certaines secousses que les épaules impriment au sac annoncent que, grâce à la prévoyance des belles, ils contiennent autre chose que des soupirs, et que les bretelles ne sont pas élastiques. On aperçoit un clocher. La sympathie des estomacs a deviné : c'est la halte. Un bon paysan présente un papier, contenant le marché fait par l'officier d'avant-garde pour le déjeuner. On s'arrête, on rompt les rangs; les soldats ont une heure pour reprendre haleine; ils se répandent dans le village, et les officiers envahissent une auberge où la dépense sera un franc cinquante centimes par barbe, la demi-tasse comprise. A cette table tous les grades sont confondus. Le premier officier du régiment est sous-lieutenant; l'égalité bannie de l'armée se retrouve à la halte. Comme on vient de gagner de l'appétit, c'est à qui officiera le mieux; tant pis pour l'aubergiste s'il n'a pas compté là-dessus. Ce n'est qu'au dessert, quand le GLORIA flambe à la surface de la tasse, que l'on retrouve la parole : on s'anime, on revient sur les aventures de la garnison que l'on quitte ; on plaisante celui que le sort a créé pour être le plastron général : la gaudriole est si bien de mise à la fin du repas ! La petite ville fait les frais de la conversation qui s'échauffe ; chacun y a laissé une Agnès convaincue que l'oreille n'est pas faite pour autre chose que pour entendre. Il n'est pas rare de voir la réputation d'une belle s'il lui en reste, demeurer au fond de la tasse de café.

Lorsqu'on a repris une dose de gaieté, on fait circuler une assiette ; chacun y jette son écot. « N'oubliez pas la fille, » dit d'une voix flûtée un gros joufflu de garçon, un bonnet de coton à la main. « C'est juste, » dit un lieutenant à longues moustaches, en lui relevant la tête, qu'il tient par le toupet. « Messieurs, pour la fille, s'il vous plaît. » Et la joyeuse assemblée de rire, et les dix centimes additionnels de pleuvoir.

Quatre lieues sont oubliées ; il faut en re-

commencer autant. Cette fois ce n'est plus
aussi agréable; il pleut à verse : on est bientôt trempé jusqu'aux os. La cantinière a beau
s'épuiser pour rétablir l'équilibre : une tristesse profonde règne dans les rangs ; tout est
morne; on dirait une marche funèbre : les
armes sont baissées vers la terre. Un pan de
la capotte en abrite la batterie ; chaque soldat tend le dos, suit machinalement son chef
de file, et pense à l'étape. Il n'ose lever les
yeux dans la crainte d'apercevoir *un ruban
de queue* (expression technique qui veut
dire la route), qu'il mesure par *mille tonnerres!* ou jurons plus énergiques encore ;
mais dont nous ne souillerons pas ces pages
classiques. Les éclopés se traînent tant bien
que mal sur les bras de leurs camarades; et
d'autres attendent dans un fossé les équipages qui, à leur gré, s'avancent bien lentement. C'est une petite déroute jusqu'à l'étape, où l'on arrive silencieusement. Et nous
qui disions qu'un départ doit être arrosé de
toute manière ! il l'a été celui-là, mesdames;

pleurez plutôt; nous préférons avoir vos larmes à essuyer.

O comble de détresse ! L'endroit fixé pour étape est petit : impossible que tout le monde y loge. Malheur à celui qui ira à une lieue de là, chercher, par des routes vicinales où l'on enfonce jusqu'au genou, un gîte dans un pauvre village perdu dans les terres. Les heureux restent à l'étape, crottés, il est vrai, jusqu'à l'échine, mais le respectable billet de logement à la main. Ainsi affublés, ils cherchent de porte en porte le numéro du toit hospitalier où ils doivent trouver place au feu et à la chandelle seulement. C'est alors que le proverbe : *Le charbonnier est maître dans sa loge* se trouve gravement compromis. A peine le pauvre paysan a-t-il fait, forcément, les honneurs de chez lui, qu'il n'est plus que de ses hôtes, le très-humble et très-obéissant serviteur et valet. D'abord, le foyer en son entier appartient aux arrivans. Les armes en occupent les coins; les guêtres sont étalées sur les chenêts; le dévant est consacré à sécher les effets sur le dos des chaises. On s'établit sans façon et comme pour l'éternité chez le pékin, qui ne souffle ni ne bouge, heureux encore que, tout en cuisinant avec ses ustensiles, on adresse le mot pour rire à la ménagère qui, du reste, n'en est pas toujours quitte pour cela, et que l'on s'amuse à embrasser, 1° parce que, si elle est un peu gentille, le troupier y trouve avantage et profit; 2° parce que cela fait enrager le mari. C'est absolument l'histoire du singe et du chat de Lafontaine :

> Nos galans y voyaient double profit à faire :
> Leur bien premièrement, et puis le mal d'autrui.

Tout cela n'est rien encore auprès de la vie du soldat en temps de guerre et en pays ennemi. Là, le patron épluche les légumes et ratisse les carottes; la basse-cour est mise à contribution. Son vin égaie le repas. Le militaire, toujours galant, invite la femme à se mettre à table; l'époux, la serviette à la main, est chargé du département des assiettes. Il est d'une prévenance sans égale; il a peur seulement pour une bourse de cuir cachée dans les replis de sa paillasse. Rassure-toi, brave homme, et sers bien tes convives; pourvu qu'ils boivent à l'aise et harcèlent un peu la bourgeoise, sans que tu montres trop les dents, ils respecteront ta bourse; car ils vivent sans lendemain.

Un jour de marche, c'est l'histoire de toute la route. Se lever trop tôt, être mal logé, visiter dans les villes par où l'on passe les curiosités, s'il y en a, quelquefois dîner avec son hôte, voilà ce qui se renouvelle pendant toute la durée du voyage. Jusqu'à mon entrée en Alsace, je ne trouvai rien qui méritât mon attention et qui rompît la monotonie de notre vie ambulante; je n'éprouvai d'autre agrément que celui de me savoir chaque jour plus près du lieu de ma destination.

Arrivé à la côte de Saverne, nous eûmes un dédommagement complet. Quel beau

spectacle que la vue de cette riche Alsace !
Ce fut un cri unanime d'admiration quand
les soldats, du haut de la côte, découvrirent
ce magnifique pays. Il fut impossible de
maîtriser leur joie; ils dansaient, chantaient,
criaient : on eût dit les soldats de Cortez devant l'argent et l'or du Mexique. Tous voulurent boire à cette colonne fontaine sur laquelle est inscrit le nom de cette superbe
province. Tout près de là, se voit le saut du
prince Charles. Cette appellation bizarre, et
qui indique assez du romanesque, fut commentée par eux, et leurs idées à ce sujet
étaient aussi vraisemblables que le conte
qui y donnait lieu. Nous séjournâmes à
Saverne, ce qui me procura le plaisir de visiter les beaux restes de ce somptueux château qu'habita le cardinal de Rohan, celui qui
disait dans toute la sincérité de son cœur,
qu'il ne comprenait pas qu'un honnête
homme pût vivre avec moins de seize cent
mille livres de rente. Malgré moi, je regrettais que ce magnifique édifice, monument de

l'humilité des ministres de l'Evangile, eût été bouleversé. Il devait être bien curieux, puisqu'il n'y a manqué, disaient les mauvaises langues, qu'un tableau ou une statue de la charité.

Aujourd'hui ceux qui déplorent les destructions révolutionnaires le laissent tomber en ruine, sans doute parce que les cosaques y ont logé, et pour ne pas interrompre la série des propriétaires vandales.

§ 5.

TOILETTE EN PLEIN CHAMP. ARRIVÉE. RENSEIGNEMENS MUTUELS. OU SE LOGER ? MES BAGAGES.

Trois jours après nous étions aux portes de Lauterbourg. Avant de faire notre entrée, nous vaquions aux soins de notre toilette dans un champ. La grande tenue est de rigueur pour un régiment qui entre dans une ville de garnison. Trois choses sont essentielles dans cette occasion : belle tenue, bonne musique, et superbe tambour-major. *Omne tulit punctum*, qui réunit ces conditions. Vous êtes sûr alors d'être bien reçus, et vus de bon œil, tant par la grisette que par la noble dame, et par la Bourgeoise qui est le juste milieu.

La première journée, pour les officiers, se passe en visite aux notables, et en repas de corps, dont les honneurs sont faits par les officiers qu'on vient remplacer, et qui voient en vous des libérateurs. « Je vous recom-
» mande mon logement : vous y serez à mer-
» veille ; j'y suis resté cinq mois, croyez-
» moi, allez-y. Êtes-vous beaucoup d'offi-
» ciers mariés ? »—« Non. » — « Tant mieux,
» vous serez ici comme le poisson dans l'eau,
» comme coq en pâte. Avez-vous beaucoup
» d'anciens officiers ? — Oui. — Bon, ce
» sont des marieurs ; vous aurez des soirées. »
On parle d'avancement, on se plaint des passe-droits ; les beaux parleurs regrettent que le choix marche en aveugle ; il leur faudrait des concours, ils y brilleraient ;

un jury, on les nommerait d'emblée ; puis ils en reviennent à dire que les brevets de faveurs sont faits avec les papillottes d'Aspasie. Ils ont raison ; mais comment obvier à ce petits inconvéniens ? On aura beau faire, on aura beau dire, les sourires et les agaceries d'une jolie femme seront toujours plus puissans que les plus beaux états de service. La conversation papillonne et change dix fois de sujet pendant le repas. On s'est vu sans le vouloir et sans y penser, on se quitte sans peine ; et les arrivans ont contracté une obligation qu'ils rendront lorsque ce sera leur tour d'être relevés de garnison.

Le lendemain est un jour décisif. Cette fois il s'agit de se caser. On a bien des documens sur la ville : mais jusqu'à quel point est-il convenable d'y croire ? Voilà ce qu'il est difficile de deviner au bout de vingt-quatre heures de séjour. Cependant les propos qu'on a entendus entre le beefsteak et le fromage, vous sont de quelque utilité ; ils peuvent quelquefois vous éviter une méprise, si l'on tient à trouver quelque chose de mieux qu'un cœur qui fait partie des meubles de la chambre garnie.

Comme le logement est de nature à influer beaucoup sur l'avenir d'un officier, du moins tant qu'il sera dans la ville, on apporte un soin scrupuleux dans le choix de sa chambre. On flâne, on cherche, on s'arrête devant toutes les maisons portant écriteaux. « Voyons, il y a des demoiselles, en» trons.... Dieu qu'elles sont laides ! Madame, » vos chambres sont trop chères, » et l'on n'a pas encore visité l'appartement. A une autre ! Oh ! la fille de la maison est rousse comme poil de carotte. « La chambre est au nord. » Ah ! peut-être il y a des voisines; s'il y en avait, on passerait par là-dessus. « Oui, ma» dame, je passe là-dessus, parce qu'il y a » chez vous, une assez jolie vue. »

J'avais été assez heureux pour dénicher un logement qui, à ma connaissance du moins, n'était pas inscrit sur la liste des regrets que nous avaient déroulés nos devanciers. Je me préparais à m'y installer, escortant mon fidèle Godard, ou plutôt mon soldat domestique, qui portait sur une épaule tout mon mobilier. Car, à moins d'incidens extraordinaires, les richesses du sous-lieutenant n'exigent pas d'autres frais de transport. Ce n'est pas pour cette caste de la société que furent inventées les voitures à déménagemens de la rue Beaurepaire.

§ 6.

RIVALITÉ D'UN BON ENFANT. NOUVELLES AMOURS. PRÉLIMINAIRES ET OUVERTURE.

J'étais en train d'effectuer ma prise de possession, lorsque j'aperçus en face de moi, et dans une chambre sur le même carré, mon lieutenant occupé à fumer sa pipe. Mon lieutenant! J'avais certes de l'amitié pour lui, et j'étais on ne peut plus disposé à lui

rendre de fréquentes visites. Mais j'aurais voulu, en ce quart-d'heure, avoir un peu plus de chemin à faire pour arriver chez lui. Il m'aperçut au même instant; et, plus franc, il vint à moi. Je le reçus d'un air presque mécontent. Jamais je n'avais si bien senti qu'il n'était pas mal, mon cher lieutenant, et que sa brusquerie lui allait à merveille. C'était un de ses moyens de victoire et conquête : les nuages qui enveloppaient mon front étaient moins faits pour plaire aux dames. « Ah! ça, » me dit-il d'un ton moi-
» tié bénévole, moitié goguenard, » quelle
» mouche vous pique donc? On dirait que
» vous êtes vexé de ne pas vous être levé plus
» matin que moi... Ma foi, mon cher, écou-
» tez; le premier au moulin, le premier.... »
—« Qu'est-ce qui vous parle de cela? Vous
» ne la tenez pas encore. » — « Quoi ma
» chambre? c'est plaisant! est-ce vous qui
» viendriez me la prendre? » —« Faites donc
» l'étonné! Est-ce que vous croyez que je ne
» sais pas que c'est la petite qui vous attire

» ici ? »—« Laquelle ? car il y en a deux : enten-
» dons-nous. »—« Comment, deux ? »—« Oui,
» deux, et toutes deux très-gentilles, ma foi ! »
(c'était son mot favori). Je n'en avais vu
qu'une. — « Et voilà pourquoi vous auriez
» voulu me voir à tous les diables, n'est-ce
» pas ? Vous aviez tort. Si elle n'avait pas eu
» de sœur, nous aurions essayé au plus heu-
» reux. Si vous m'aviez damé le pion, c'é-
» tait fini, je payais la quinzaine, et bonsoir;
» je portais ailleurs mes batteries et ma
» bonne mine. »—« Mon bon camarade, tou-
» chez là et n'y pensez plus : j'ai tort. »—« Oui,
» une poignée de main ! soyons bons amis,
» et servons-nous mutuellement dans nos
» amours. »—« Écoutez-moi ! pas de farce ;
» manœuvrez prudemment. Sans cela vous
» renverseriez la marmite. Ce soir, vous des-
» cendrez seul : vous voyez que je suis bon en-
» fant ! Faites votre choix. Tout ce que je de-
» mande de vous, c'est de dire de votre
» camarade tout le bien imaginable : je vous
» rendrai plus tard le même service, si cela

» devient nécessaire. »—« Eh bien ! cela est
» entendu, comptez sur moi. »

Le soir arrivé, conformément à l'article
premier de notre protocole, je rends ma visite : il paraît qu'on s'y attendait, car on
avait bâti un soupçon de toilette. « Vous re-
» grettez sans doute le régiment qui vient
» de partir, mesdemoiselles ; on dit qu'il y
» avait des danseurs. Ces messieurs donnaient
» des bals. Ils étaient, dit-on, très-aimables.
» Votre ville paraît charmante : il doit s'y
» faire beaucoup de mariages ; les dames y
» sont si jolies ! » C'est ainsi que je me mettais l'imagination à l'envers pour nourrir
une conversation dans laquelle mes interlocutrices n'osaient guère me répondre que
par d'arides *oui* ou *non*. Cela me rappelait
ces prétendus acteurs dont le rôle, dans
toute une pièce, se compose de : *A merveille, à ravir*. En général, les débuts sont
fort désagréables. Je vis le moment où cette
première entrevue, dont je m'étais félicité
d'avance, devenait une corvée. Je me disais

tout bas qu'Arthur avait agi en homme expérimenté, en me laissant l'honneur de faire mon choix; et je l'invoquais à mon aide. « Mais, votre ami ne vient donc pas ? »—« Ah!
» c'est qu'il est un peu sauvage, très-timide
» d'ailleurs de son naturel, surtout auprès
» des dames ; à cela près, le meilleur enfant
» du monde; la candeur même, un cœur...
» le cœur le plus grand... incapable de
» tromper un enfant. Il cherche à se fixer.
» Une femme qui saurait le prendre, serait-
» elle heureuse! » C'est ainsi que je faisais mousser le lieutenant. Les deux demoiselles me regardaient avec de grands yeux, étonnées que j'eusse la générosité de leur faire la cour pour un autre, prenant de bonne grâce, et presque pour argent comptant, des hyperboles à faire pouffer. L'eau leur venait à la bouche.

J'étais assez embarrassé. Je savais fort bien qu'Arthur ne les prendrait pas toutes les deux. Mais, puisque c'était à moi de choisir, à laquelle devais-je adresser des œillades pour mon compte? Ni Elise, ni Virginie n'étaient des beautés ; mais elles étaient jeunes toutes deux, brunes toutes deux, assez bien faites toutes deux ; et ce petit accent d'allemand leur prêtait un charme infiniment puissant, celui de la nouveauté. Je crois que j'aurais volontiers suivi la méthode de ceux qui, forcés de choisir entre le Bordeaux et le Champagne, donnent la préférence à tous les deux. J'aurais fait la cour à Virginie et à Élise s'il eût été possible de plaire à l'une en faisant les yeux doux à l'autre. Mais, de toutes les méthodes imaginées pour plaire à deux femmes, la plus mauvaise, sans contredit, est de répartir à dose égale les complimens et les empressemens entre elles. Je me prononce enfin, et c'est à mademoiselle Élise que j'adresse mes hommages. Elle est plus gaie que sa sœur, elle est musicienne. Je me suis donné comme jouant de la flûte : j'écorche l'air *Ah! vous dirai-je, maman*. On désire essayer des duos ; je ne demande pas mieux ; avec un peu de front, je me tirerai de là. Les Alsaciennes ont cela de bon: comme les Provençales, comme les Italiennes, elles sont très-communicatives. L'éducation ne leur inculque pas cette réserve absurde que les poètes et les gens du grand monde sont convenus d'appeler pudeur, et qui n'est qu'un mot honnête pour voiler l'hypocrisie féminine. Dans les départemens du Haut et du Bas Rhin, les femmes, si elles aiment, ne rougissent pas de le dire, et ne visent pas à l'art de le cacher. Tâchez de plaire, et on ne vous dira pas *Non*. Il n'est pas de lieu au monde où les femmes vous épargnent davantage la peine de les deviner. Leur franchise exemplaire vous révèle sur-le-champ le mot de l'énigme.

Avant de lever la séance, je savais déjà la plus grande partie de ces détails qui sont nécessaires à un honnête homme pour diriger ses attaques : le père et la mère ne savaient pas un mot de français; de plus, le premier restait invariablement à la brasserie, où il trouvait un air léger, en harmonie avec son tempérament germain aux trois quarts. La mère, quoique de temps en temps elle me lançât de côté un regard observateur par-dessus ses lunettes, était bien plus attachée à la lecture de la Bible, pendant ses heures de loisirs, qu'à la conversation des allans et venans et aboutissans; elle s'occupait d'Oolla et d'Ooliba bien plus que de la conduite de ses filles. Je sortis enchanté, passionnément amoureux, et jouissant en espérance.

J'étais transporté de joie, je courus embrasser le lieutenant. « A merveille ! mon
» cher, les tourterelles sont charmantes.
» Elles ont des noms délicieux : Virginie,
» Élise. »—« C'est bien. Et votre choix ? »—
« Mon choix ? moi je pense qu'Élise convient
» mieux à mon caractère musical, romanes-
» que et champêtre. »—«Tant mieux! moi cela
» m'est égal; puisque vous n'en voulez pas,
» moi je choisis l'autre. Ah ça! est-ce que la
» gasconnade a été son train ? Avez-vous fait

» ce dont nous étions convenus ? » — « Moi ?
» j'ai menti comme un arracheur de dents
» pédicure! je vous ai peint fidèle, sincère,
» constant, timide surtout, et cherchant à
» vous établir. On vous désire beaucoup. »—
« Puisque vous êtes en train, mon ami, con-
» tinuez ; dites de ce pauvre Arthur tout ce
» que vous saurez ou imaginerez d'intéres-
» sant. Faites de moi un Grandisson. Voici
» mon plan : je vais faire l'ours quelque
» temps, puis je m'apprivoiserai : alors vous
» me ferez le plaisir de ne plus vous occu-
» per de moi. »— « A propos, je vous dirai
» que ni le père ni la mère ne parlent fran-
» çais. »—« Tant pis. » — « Pourquoi? »—« Ils
» regarderont, cela gêne les préliminaires. »
Je continuai mes visites, et je me plus à dé-
peindre Arthur sous les couleurs d'un héros
de roman. L'inoccupée Virginie souhaitait
vivement l'arrivée ou la première descente
de mon lieutenant. Aussi ne fus-je pas étonné
lorsque, trois semaines après, je sus que le plan
d'attaque du lieutenant avait réussi en plein.

Pour moi, chaque jour je devenais plus épris de ma sémillante Alsacience. Je ne voyais rien au monde qui pût lui être comparé, pas même Thérèse, qui avait été la plus belle, la plus belle six mois, et qui aurait dû l'être plus long-temps. Mais à quoi bon songer au passé ou aux absentes? Quand votre maîtresse est loin, elle a beau être ravissante, vous n'êtes plus posé de manière à vous en apercevoir. Comme mon télescope ne pouvait atteindre à Thérèse, je me mis à aimer celle que j'avais sous la main, mais à aimer comme un fou, comme on aime lorsqu'on n'a rien de mieux à faire, comme on aime à cet âge où le *froufrou* d'une robe, un bas blanc bien tiré, un petit bonnet à ruban rose organisent une émeute dans votre tête, émeute telle que même un *Maréchal de France*, fût-il la seringue faite homme, avec son corps de pompe et de pompiers, ne viendrait pas à bout de l'amortir.

Il est si bon d'avoir sa maîtresse à six pas, d'aller en pantoufles lui conter fleurette. C'était pour moi un bonheur sans égal; et pour la première fois je trouvai que le temps s'envolait d'une aile trop rapide.

§ 7.

LES BONS CONSEILS. LE JARDIN. LE DOS ROUSSI. N'OUBLIEZ PAS DE LIRE LA NOTE SUR M. MOREAU-TYPHUS.

Il faut avoir passé par là! il faut avoir éprouvé ces premières émotions de bonheur! il faut n'être pas blasé sur le plaisir, pour savourer tout le charme de ces préludes d'amour, où les premières faveurs vous transportent dans des régions de félicité que n'a pas même le paradis de Mahomet! Qui ne se rappellerait avec transport ces jolis petits combats, petites larmes, petits et non petits baisers donnés par une bouche étroite, vermeille, d'où s'exhalent comme des parfums aériens de voluptueux soupirs? Et ces dents blanches comme la neige, chose rare en Al-

sace! et ces yeux humides qui sollicitent
l'audace! et ces petites mains douces, potelées, tremblantes, qui repoussent l'assaillant! Et les brouilles, les raccommodemens!
les moues! les sourires! les jalousies, si vous
remarquez la fine taille de l'une, la hanche
d'une autre! Tout cela jette l'imagination
dans ces extases délicieuses que l'on paierait
de sa vie. Qui n'a pas éprouvé un alcoolique
sentiment d'amour-propre, lorsque, dans
un bal, il remarque celle qu'il a long-temps
aimée, celle que de mystérieux rendez-vous
ont livrée à son ardente tendresse, et qu'il
la voit embellir un quadrille, fixer l'attention particulière des connaisseurs, et faire
éclore sur son passage ces mots d'une si
suave harmonie pour une femme et son préféré : *Voilà une des jolies danseuses du bal!*
Oh! alors, il n'est pas de froideur qui tienne
contre l'énivrement de ces louanges. Belles
qui voulez raviver des flammes près de s'éteindre, allez au bal, soyez jolies, et qu'autour des oreilles de votre cavalier retentis-

sent ces phrases d'admiration et d'envie!
Payez des claqueurs s'il le faut, comme
Scribe et Théaulon ; faites de la camaraderie
comme Sainte-Beuve et Ballenche; faites-
vous mousser comme Magendie et Moreau
le Jaunet (1).

Trois mois se passèrent ainsi. J'aimais de
toute mon âme, quoique peu pensant au
sacrement. Je n'avais pas ainsi qu'Arthur le
talent de modérer mes transports : les parens s'en aperçurent. Bien loin d'apporter le
moindre obstacle à mes sentimens, je vis

(1) *Vulgo* Moreau de Jonnès. Tout le monde devrait savoir que M. Moreau-Typhus a fait un voyage
en Amérique, avec son frère, dont ses camarades le
distinguaient par le surnom de *Jaunet*, épithète fami-
lière due à cette nuance du *malus aureus* de Linnée
(citron), alors répandue sur sa figure, et qui fesait de lui
le type d'une quatrième variété de l'espèce humaine. Cette
dénomination tirée de la teinte de la peau était d'autant plus naturelle que dans ces régions où toutes les
races sont réunies, on dit communément, un blanc
(Européen), un noir (Éthiopien), un cuivré ou rouge
(Américain). Revenu en France, M. Moreau trans-
forma son épithète zoologique en titre de noblesse et
fit de *Moreau-le-Jaunet*, *Moreau de Jonnès*.

clair comme le jour qu'on les favorisait en
un sens : que j'aimasse Élise, qu'Elise m'aimât, c'était fort bien; mais rien avant les
noces. Voilà ce que les deux grands parens,
dans un baragoin des bords du Rhin, avaient
recommandé à mon Élise. Les bons conseils,
on le voit, ne manquaient pas; et on lui
avait très-habilement tracé un rôle basé sur
ce principe qu'un jour j'aurais de la fortune.
Mais le rôle était au-dessus de ses forces. Un
jardin situé derrière la maison prêtait à des
scènes trop longues pour que l'actrice n'oubliât pas de temps en temps les instructions
paternelles. Ajoutez que souvent nos répétitions générales avaient lieu au clair de lune,
et qu'à force de substituer au Duetto du salon le Nocturne en plein air, la jeune première devenait de force à se passer de souffleurs. Notre confiance en vint au point que,
dans la chambre même où se tenait la compagnie, un énorme poêle mitoyen en fonte
servait de pupitre à notre musique vocale et
instrumentale; tandis que dans la pièce voi-

sine, séparée par une mince cloison, le père, occupé à tisonner le poêle, battait la mesure avec le ringard. « Eh ! » me dit un jour ma concertante, « tu me brûles le dos ! » C'était le père qui bourrait son poêle plus que de coutume. Moi, qui ne me doutais pas de la circonstance : « Eh non ! » disais-je, « tu te » trompes, il n'est pas assez chaud. »—« Je te » dis que je le sens bien ! » Et elle fait un saut de carpe qui l'écarte du foyer de l'incendie. Heureusement.... car, au même instant le père entra tout radieux : « Eh bien ! mes » enfans, avez-vous froid ? J'espère que je » vous ai fait bon feu. Tiens ! Élise, où t'es- » tu donc roussi le dos ? »

§ 8.

RAVIVEMENT DE MES FLAMMES. PERSPECTIVE D'ABSENCE. PHILOSOPHIE D'ARTHUR. LE FORT DE LICHTENBERG.

La satiété commençait à rendre moins doux pour moi les passe-temps de la maison du brasseur, et sans doute j'aurais pensé à me consoler de trois mois de fidélité privée par quelques légères excursions dans le domaine public, lorsque l'ordre vint de partir. Le régiment fournissait une compagnie au fort de Lichtenberg. Ce détachement se relevait tous les deux mois. C'était au tour de notre compagnie. L'obligation de m'éloigner d'Elise fit renaître de ses cendres une passion qu'un mois de promenade au jardin et d'évolutions autour du poêle avait suffi pour éteindre. J'éprouvai de nouveau les accès violens de l'amour contrarié. Les larmes d'une femme aimée sont tellement puissantes, que de part et d'autre, cette fois, notre séparation eut lieu avec les marques d'un vrai désespoir.

Aussi fidèles l'un que l'autre, Arthur et moi nous voulûmes conserver nos chambres, nous promîmes d'écrire, et moi je fis mieux, je m'engageai à venir dans l'intervalle atténuer par ma présence les chagrins de l'éloignement.

C'était la première fois qu'une séparation m'affectait un peu au vif. Il fallut tout l'ascendant du caractère jovial, causeur et peu soucieux de mon ami pour me retremper. J'étais d'une tristesse profonde ; et qui aurait vu mes yeux prêts à épancher le trop plein en larmes amères sur mon visage, se serait imaginé, non que j'aurais quitté pour deux mois une maîtresse, mais que je venais de l'enterrer ou de la voir passer dans les bras d'un autre.

Nous parcourions un pays de toute beauté. Arthur, le sourire philosophique sur les lèvres, et ne pensant pas plus à la tendre Virginie que s'il eût dû la retrouver le soir à l'étape en train de mettre au lit des draps demi-blancs, me faisait remarquer les beaux sites montagneux qui nous environnaient. C'était inutile, mon cœur était tout à Lauterbourg, et les beautés qu'aurait saisies avec empressement le crayon de Vernet passaient indifférentes devant mes yeux.

Enfin, au bout de trois jours de marche

nous arrivons à l'imperceptible village de Lichtenberg, situé au pied de la côte au haut de laquelle était perchée notre garnison. C'était un château gothique à haut donjon, recrépi et replâtré par des ingénieurs modernes, et que les inspecteurs antiquaires à 6000 francs de fixe et 4000 de frais de tournée viennent admirer de Paris, quoique cette forteresse soit exactement le pendant du couteau de Jeannot, qui avait eu six lames et trois manches.

Nous eûmes bientôt parcouru la place. Une petite cour, trois corps de logis; l'indispensable chapelle, un corps-de-garde et un donjon en forment l'ensemble. Le personnel n'était pas moins curieux : M. Michel, madame Michel, deux petits enfans, qui s'étaient donné le mot pour ne ressembler à personne, pas même à la mère, et dont un troisième, plus grand, une Maritorne moulée exprès pour faire expirer le cancan dans le gosier des vieilles femmes; un chat, deux gardes, l'un d'artillerie, l'autre du génie, en-

fin un portier, composaient l'état-major de la place. La garnison était de quarante soldats et deux officiers. « Il faut convenir que
» nous allons joliment nous amuser ici, » dit Arthur, lorsque nous quittions notre commandant, après les visites d'usage. « Avez-
» vous jeté les yeux sur notre entourage? que
» dites-vous de la dame châtelaine? l'aimable
» pigrièche! et jeune, surtout! ne dirait-on
» pas que c'est elle qui a posé la première
» pierre du fort? on voit bien qu'elle est à
» elle seule et tout le sexe et toute l'aristo-
» cratie de la place. » Je répondis par un douloureux soupir. « Quelle diable de mine
» vous me faites? Allons, allons, soyez tran-
» quille, votre belle n'est pas perdue; elle ne
» s'envolera pas. Si vous donnez dans le genre
» élégiaque, vous devez être content; voilà
» un bel emplacement pour soupirer; d'a-
» bord, voilà une tour *du nord* : il ne tient
» qu'à vous de faire le troubadour, ou bien,
» si ce rôle ne vous convient pas, faites com-
» me moi, apprêtez-vous à rire des figures

» originales qui pullulent ici : cela nous fera
» passer le temps. — Vous en parlez bien à
» votre aise; vous n'êtes jamais amoureux.
» —Moi, mon cher Eugène? Au contraire!
» De près, je suis tout feu; mais une fois
» éloigné, je suis plus tranquille; — c'est
» une autre affaire : — Il en est de l'amour
» comme de tout au monde: à distance il dimi-
» nue; d'ailleurs, éloigné momentanément
» des belles, je pense que je me mets en fonds
» pour mieux soutenir la conversation à
» mon retour : il n'est rien de tel que jeû-
» ner pour recouvrer de l'appétit; puis, te-
» nez, le sentiment n'est bon qu'à faire des
» odes, ballades, orientales ou poèmes épiques
» en cent cinquante vers ; mais dans notre
» état, nous ne savons ce que c'est que les
» petits vers; et le platonique est du luxe. »

D'aussi dirimans axiomes adoucirent un peu mes douleurs. Le lieutenant avait ses pleines poches de philosophie pour toutes les phases de mon chagrin. Nous visitâmes le château, le donjon particulier. Ce qui intéressait le plus Arthur, c'était de voir sur un relief, une tête qui tirait la langue avec une grimace horrible; c'était, dit-on, le sujet d'une chronique : on avait voulu représenter un seigneur qui était mort de soif dans cette tour. Je voudrais bien entendre Jean-Louis faire l'oraison funèbre du comte et nous peindre ses souffrances. C'est lui qui ferait une belle figure, si on lui coupait ainsi les vivres. Ayons la chronique, et envoyons-la lui! ça l'amusera; nous lui en demanderons des nouvelles à notre retour.

Je ne demanderais pas mieux. Nous prenions nos repas dans le village, à l'enseigne du *Goldne-Lœwe*, c'est-à-dire le Lion-d'Or, peint en noir par un adepte de saint Crépin et de saint Crépinian, sur une planche qui avait servi vingt ans de fond de cuvier. Nos hôtes, braves et bons paysans, faisaient tout leur possible pour rendre moins désagréable notre séjour chez eux, et pour varier de manière ou d'autre la carte du dîner, nous offraient le lundi *sauerkraut und speck* (de la choucroute et du lard); le mardi *speck und sauerkraut* (du lard et de la choucroute). En causant avec nous, ils nous apprirent que le curé pourrait nous prêter l'histoire du château. Il en avait la chronique en langue latine.

Nous étions bien avec le ministre de la religion, et j'eus bientôt l'occasion d'essayer le reliquat de mon érudition. J'avais étudié en simple amateur ; j'avais, pendant les neuf années voulues par notre classique université, gâché du latin. Qui croirait, à moins d'avoir passé par cette épreuve, que de vieux latin de cuisine, digne de l'intermède du *Malade imaginaire*, m'arrêtât. J'eus beau maudire l'égoïsme de ces professeurs qui, pour faire briller leur nom au concours général, ont la faiblesse de ne donner de soins un peu consciencieux qu'à une douzaine d'élèves sur soixante, et d'abandonner le reste à leur propension paresseuse. Je fus obligé d'avoir recours à la bonne volonté du curé. Il avait une nièce (il n'est pas d'honnête curé qui n'en ait au moins une), une nièce, dis-je, aux yeux bleus, à mine si provoquante, que c'eût été un meurtre d'abandonner mon projet. Une telle nièce était plus apte encore que la philosophie d'Arthur à verser sur mes plaies d'amour un baume consolateur, et pourtant, chose extraordinaire, tout en admirant la limpide sclérotique des yeux de la belle, je songeais beaucoup aux cils bruns de mon Elise, et c'était en grande partie l'espoir de lui envoyer un échantillon de ma prose qui me décidait à presser la traduction de la chronique. De cette façon, d'ailleurs, je voyais en perspective le moyen de remplir quelques lettres. J'en recevais si fréquemment, qu'il devenait difficile de suffire aux réponses, à moins d'être un nouveau Saint-Preux. La voici telle que je la lui envoyai.

CHAPITRE V.

CHRONIQUE ALSACIENNE.

Hlodomir Louis, fils du roi des Francs, Hildrik Ier, réunit sous ses lois tout l'espace contenu entre le Rhin et les Vosges, et en expulsa par sa valeur autant que par son génie, les légions romaines et les bandes de Germains et de Visigoths qui se le disputaient. Les chefs francs, qui l'avaient secondé dans cette conquête, et les nobles germains, auxquels il avait pardonné, reçurent de lui, soit à titre de récompense, soit comme indemnité, une grande partie de l'Alsace. Ceux qui furent investis de la propriété des forteresses romaines qui bordaient la ligne des Vosges, furent appelés *Comites cantonales,* Compagnons ou Comtes cantonnaux. De ce nombre étaient les comtes d'Ausbourg, de Barr-Assenstein, de Lichtenberg. Ceux-ci, peu contens du manoir qui leur était assigné, et ne le trouvant pas assez fort pour résister à de puissans assauts militaires, résolurent d'en construire un autre. Déjà les fondations sortaient de terre lorsqu'un berger, remarquant un emplacement beaucoup plus convenable pour un fort, que celui auquel le noble comte avait donné la préférence, vint communiquer ses réflexions à un écuyer qui s'en fit honneur auprès du maître. Alfred de Lichtenberg goûta l'avis, et, abandonnant son idée primitive, construisit son château sur l'emplacement dont l'heureuse position avait été observée par un gardeur de moutons. Nous ne relatons ici cette circonstance indifférente en elle-même, que pour donner à comprendre quelles étaient les capacités intellectuelles des vaillans guerriers de ce temps-là.

Depuis l'érection du château jusqu'à l'an de grâce 423, l'histoire des comtes de Lichtenberg n'offre rien de remarquable. Cette année-là, nous voyons, dans les généalogies, un ambassadeur à la cour de Vienne, comte de Lichtenberg, et baron du Saint-Empire. Nous sommes ensuite replongés, deux siècles durant, dans d'épaisses ténèbres ; mais vers 1215, un évènement épouvantable éteignit la famille, et fit passer ses richesses dans la maison de Hanaw qui occupa le château jusqu'à la conquête de l'Alsace par Louis XIV. Deux frères alors représentaient l'illustre famille dont Alfred de Lichtenberg avait été le chef. L'opposition de leurs caractères, et la haine que le cadet portait à l'aîné, amenèrent les dissensions qui se terminèrent par la sanglante catastrophe dont on va lire le récit.

Vers le commencement du treizième siècle, il existait, non loin de Volksheim, une famille puissante et noble, dont chaque jour était marqué par de nouveaux bienfaits. Les vassaux du comte Henri de Hasfeld voyaient en lui un père, plutôt qu'un maître et seigneur. Goldsheim, antique manoir de cette noble maison, était un asile sans cesse ouvert au laboureur et à l'artisan que la misère accablait. Amalie, unique héritière du comte, marchait sur ses traces, et jeune, elle luttait de bienveillance et d'affabilité avec le vieux châtelain. Amalie était la beauté même. Jamais la nature n'avait été aussi prodigue de ses dons que lorsqu'elle avait formé cette jeune suzeraine. Le bruit de ses charmes s'était partout répandu, et chaque jour de jeunes seigneurs venaient des deux extrémités de l'Allemagne, briguer sa main et son cœur. Mais l'heureux mortel, pour qui elle devait s'attendrir, ne s'était pas encore montré. Amalie ne répondait aux vœux empressés et aux hommages de ses adorateurs que par une froide politesse. L'idée d'être l'esclave, le meuble d'un homme, lui inspirait une espèce d'horreur. Après le plaisir de répandre des bienfaits parmi les bons paysans qui étaient la propriété de son père, elle ne connaissait d'autre bonheur que celui de courir, la lance au poing, au milieu des bois immenses qui commençaient à peu de distance du château, ou celui de figurer dans un tournoi, Amazone du moyen âge, et digne rivale, par le courage comme par la beauté, des Bradamante et des Marfise, que célébra l'archevêque Turpin.

Aux nombreux amans que chaque soleil voyait arriver et passer dans la cour d'honneur du château seigneurial des comtes d'Hasfeld, se joignit enfin le baron Charles de Lichtenberg. Il venait de perdre son père, et, simple cadet de famille, il n'avait eu en partage qu'un assez joli château de chasse, avec des propriétés de médiocre étendue. Son aîné, héritier du château paternel et de terres considérables dont le château était en quelque sorte la capitale, résidait à trois lieues de là.

Les deux frères avaient, dès l'enfance, fait voir deux caractères incompatibles, et une mésintelligence profonde s'établit entre eux à l'âge de l'adolescence. Bien différent de son aîné, Charles se montrait en toute occasion, cruel, débauché, vindicatif. Nul moyen n'était assez horrible pour qu'il le repoussât, s'il devait par là arriver à ses fins; au contraire, le sang avait pour lui des attraits. Froisser autrui était son plaisir le plus vif. Le rapt, le meurtre même entraient dans ses combinaisons, comme auxiliaires indispensables.

Qui croirait qu'avec des vices si affreux, Charles eût reçu de la nature les avantages extérieurs les plus séduisans? Sa figure mâle, belle, pleine de noblesse, intéressait au premier abord; sa taille était celle d'Hercule; il avait un goût décidé pour les armes: enfin, une hypocrisie, digne de Don Juan, voilait chez lui les principes les plus infâmes, et revêtait ses mœurs dissolues du coloris de la vertu. Le comte était loin de posséder des avantages physiques aussi marqués. Doux, humain, prêt à tout sacrifier à l'honneur, il partageait son temps entre l'étude, la chasse, un cercle de vrais amis, et les soins de la bienfaisance. Que de fois on le vit, sous le chaume, porter des secours au malheureux que les vexations du bailli voisin avaient réduit à l'indigence! Que de fois il fit prodiguer des consolations et des secours aux victimes déshonorées par la brutalité de Charles! Et cependant, il excusait, il palliait, autant qu'il était en lui, les torts du jeune tyran dont les déréglemens et les atrocités devaient un jour, en éclatant, flétrir la noble et antique maison des Lichtenberg.

Comment des obscures et viles intrigues qu'il nouait au milieu de ses vassales, plutôt subjuguées par la crainte, que persuadées par l'amour, Charles s'élança-t-il au château d'Hasfeld, et près d'Amalie? Une orgie l'y décida. Dans une orgie, le nom d'Amalie, prononcé avec des éloges accompagnés de regrets, frappa son oreille. On vantait sa bravoure, sa beauté, son indifférence; on nommait les chevaliers de haut lignage et les princes du saint Empire refusés par elle. Charles s'écrie que le prince du saint Empire que refuse Amalie n'est qu'un sot, et qu'à sa place lui, cadet de la maison de Lichtenberg, réussirait. « Bon! » répond un des convives. « Je réussirai, et la » preuve c'est que je l'entreprends. » Un pari s'engage et la perte de la vierge de Goldsheim est résolue.

Déjà Charles s'est présenté au château du comte; il ne dit pas qu'il aime, mais il suit Amalie partout où elle accompagne, partout où elle conduit son père; dans la chaumière du pauvre..... à la chasse... Lance-t-elle un sanglier? c'est lui qui a l'honneur de l'abattre, et d'en déposer la hure aux pieds de la nouvelle Atalante. Fait-elle sortir de sa retraite un paisible chevreuil? il se place de manière à ramener devant elle l'animal haletant; et Amalie, décochant la flèche fatale dans le poitrail du fuyard, remporte l'honneur de la journée. Ces soins muets, ces prévenances continuelles, amollissent peu à peu le cœur farouche de la chasseresse, et elle aime déjà, que Charles ne lui a pas encore dit un seul mot d'amour, autrement que par des attentions de tous les instans, et par l'accent timide qui adoucit sa voix chaque fois qu'il lui adresse la parole.

Jamais, en ces temps où florissait la chevalerie, mariages et noces n'avaient lieu chez les gens de haut lieu, sans que fêtes et tournois fissent diversion au sérieux de la messe nuptiale. Une noce eut lieu sur ces entrefaites. La moitié de l'Allemagne accourut aux joûtes qui devaient varier la cérémonie conjugale. Des princes de Waldeck, de Hohenstein, de Heiningen, s'y rendirent, suivis d'une escorte magnifique. La petite ville de Verthe fut encombrée d'équipages de toute espèce, jamais on n'avait vu assister à la fois tant d'illustres chevaliers à une fête : la plaine était couverte de tentes, et les nombreuses bannières de toutes couleurs qui flottaient au gré des vents, pavoisaient les alentours de la ville, et leur donnaient l'aspect riant d'une vaste prairie, émaillée de tout ce que le printemps produit de richesses, lorsque chaque année il vient renouveler la couronne embaumée de Flore. C'était sous les murs de la ville que les joûtes devaient avoir lieu. Au nombre des juges du camp étaient les marquis de Falkenstein, de Hohenstein, et le comte de Lichtenberg. Ceux-ci décidèrent que deux assauts auraient lieu dans la première journée. Le vainqueur devait être couronné de la main de sa dame. Le lendemain un bracelet donné par l'objet aimé serait le prix du plus beau fait d'armes.

Les gradins, qui formaient une spacieuse enceinte, étaient remplis de vassaux de tout sexe et de tout âge. Dans les tribunes, décorées d'élégantes tentures brodées, à franges d'or, s'agitaient les aigrettes étincelantes, les riches fourrures de blanche hermine, les panaches ambitieux, parures charmantes, moins belles encore que les dames qui croyaient s'embellir en les disposant sur leur front, autour de leur cou et de leur taille délicate. Tout ce que le luxe de l'Orient a de plus recherché se réunissait dans ce coin de l'Occident, et contrastait de la manière la plus piquante avec le fer des armures, l'acier poli des casques, et l'or des gardes d'épées et des éperons.

Déjà la trompette s'est fait entendre, et donne un signal impatiemment attendu; déjà les champions se sont séparés en deux troupes; ils vont s'élancer les uns contre les autres, quand Amalie, la belle Amalie, prend place dans les loges avec son père. Un murmure d'admiration circule dans toutes les tribunes, dans l'amphithéâtre, dans la lice même. Les chevaliers s'arrêtent un instant, puis, brandissent leurs lances, en disant: « Il est doux » de vaincre devant une telle femme! »

La joûte commence.

Le fer des lances brille, les épées heurtent les épées, les casques étincellent sous le choc de l'acier. Déjà des tronçons de bois et de métal volent obliquement dans les airs, et retombent par une perpendiculaire rapide; le cliquetis des armes augmente; le sang commence à rougir les cottes de mailles, et des pointes aiguës labourent les flancs ou les aisselles au défaut de la cuirasse; puis des corps mesurent la terre, et de ces héros qui naguères s'avançaient impassibles et fermes comme des rocs battus des vents, la moitié seulement présente encore un front intrépide à la tempête des épées. Les écuyers entrent dans la lice pour en retirer leurs maîtres blessés ou morts. Ceux qui restent n'en combattent pas avec moins d'opiniâtreté et de confiance; cependant leur nombre diminue à chaque minute. Un parti surtout est faible, et perd sans cesse de ses hommes et de ses avantages, c'est celui qui a contre lui *le chevalier inconnu*. Le preux, que tous les spectateurs désignent par cette dénomination, distribue partout des coups terribles. Chaque fois qu'il laisse tomber sa main, un de ses antagonistes est hors de combat. Enfin, après la lutte la plus longue, il reste seul de son parti contre cinq adversaires. C'est alors que sa vigueur se déploie dans toute sa puissance. Un coup d'épée le débarrasse du premier de ses ennemis ; le second tombe étourdi d'un coup de masse d'armes, il coupe le jarret au cheval du troisième, et lutte corps à corps avec lui, jusqu'à ce qu'il l'ait jeté mourant sur le sable. Les deux autres s'avouent vaincus et demandent que le combat cesse. D'une voix unanime le chevalier inconnu est proclamé vainqueur. Les juges du camp lui décernent la couronne, et demandent à quelle dame elle doit être remise. « Amalie d'Hasfeld, » répond le chevalier. Aussitôt un hérault apporte la couronne aux mains de la belle Amalie. Le chevalier inconnu se dirige vers elle, dès qu'elle tient la récompense qui doit être posée sur la tête du vainqueur par cette reine de la beauté. Il approche, il est près d'elle; il a mis un genou en terre. Cent mille yeux sont fixés sur lui. Au milieu de cette immense assemblée, gonflé d'orgueil et de joie, il lève la visière de son casque, et le nom du baron de Lichtenberg vole de bouche en bouche. Jamais les grâces de sa personne n'avaient resplendi d'un éclat si doux. Amalie rougit. Au trouble qui se réflète sur son visage, Charles devina, et il ne devinait que trop bien qu'un triomphe plus difficile que celui du tournoi allait récompenser sa persévérance hypocrite. Les femmes envièrent le bonheur d'Amalie; et les rivaux du baron, les indifférens mêmes, soupçonnèrent avec chagrin un choix que l'opinion publique ne pouvait ratifier.

Le baron après sa victoire dans le premier assaut ne voulut plus tenter la fortune du combat, et se retira dans son château pour ne reparaître qu'après la fin des joûtes. On le revit à Goldsheim où ses fréquentes visites achevèrent de persuader à tout le monde qu'il recherchait la belle Amalie en mariage. La jeune baronne, sans avouer son secret, encouragea ses démarches d'un sourire; et déjà la prochaine union de cette riche héritière avec le cadet des Lichtenberg était le sujet de toutes les conversations.

Le comte avait d'abord remarqué avec peine les assiduités de son frère auprès d'Amalie; non pas qu'il eût conçu la moindre jalousie au sujet d'une prétention que lui-même eût pu avoir. Son cœur était occupé ailleurs. Mais il n'envisageait qu'avec horreur la perfidie qui fait tomber une femme dans un abîme en la conduisant à l'autel, et qui au lieu d'un ami lui donne un tyran ou un bourreau. Dans la suite il espéra, il crut même qu'un attachement distingué, vertueux, extirperait du cœur de son frère les vices dont il était gangrené, et qu'Amalie, digne des hommages de l'univers, serait aussi à jamais l'objet des respects et de la tendresse attentive d'un époux rappelé par elle au culte de la vertu. Il fut bientôt détrompé cruellement.

Un jour le hasard l'amène au château du baron. Quelle est sa surprise en voyant là Charles au milieu de convives débauchés et de courtisanes, s'abandonner avec une indicible frénésie à d'abrutissantes voluptés. A cette vue, il adresse à son frère des reproches amers sur son hypocrisie. « Vous
» voulez, dit-il, ajouter à la liste de vos dupes
» une antique famille, honneur de l'Alsace, et
» fleuron brillant de la couronne de l'Empire.
» Par vous les derniers instans d'un vieillard
» vertueux seront abreuvés de fiel et de lar-
» mes; une existence de femme sera toute
» entière empoisonnée. Avez-vous pensé que
» je le souffrirais? »—« Et moi, croyez-vous
» que je laisse tranquillement mon frère s'im-
» miscer dans mes affections, se jeter à la tra-
» verse de mes projets, ne sortir de son ignoble
» oisiveté que pour déverser la calomnie et la
» honte sur mon nom? Comte Lichtenberg,
» je me ris de vos menaces; et si vous les exé-

» cutez, malheur à vous ! »—« Malheur à toi,
» plutôt, insensé ! tes emportemens ne sau-
» raient m'effrayer et me faire dévier de la ligne
» du devoir; je cours de ce pas au château de
» Goldsheim. » Tandis qu'il s'éloigne, Charles, dont la rage ulcère le cœur, ordonne qu'on lui prépare un cheval, il ne voit plus dans son frère qu'un ennemi acharné, un rival, un bourreau. « Frère insatiable, dit-il, n'est-ce
» pas assez d'avoir à titre d'aîné la libre et en-
» tière possession du château de nos pères et
» de tant de propriétés immenses dont l'en-
» semble formerait un grand duché. Ambition-
» nes-tu encore ces humbles domaines aux-
» quels me réduit un usage injuste, comme si
» le hasard de la naissance devait décider du
» bonheur et de l'éclat de la vie entière ! Ah !
» que j'ai donc envie de le corriger ce hasard,
» quand je pense que j'ai là ta vie au bout de
» cette lame de damas ! On vante tes vertus.
» Tes vertus !... elles n'ont jamais existé que
» dans l'imagination des dupes qui t'entourent.
» Tu t'en sers comme d'un masque favorable

» pour voiler ton ambition et ton inextingui-
» ble soif de richesses. Toi, dis-tu, tu sau-
» ras me contraindre? Tremble, tremble plu-
» tôt de devenir l'ennemi de Charles ! »

Son coursier est prêt ; il s'élance sur la selle curieusement ornée et court d'un trait au château de Goldsheim. Nouveau sujet de fureur : le vieux comte d'Hasfeld ce jour-là ne veut recevoir personne, pas même le baron de Lichtenberg. A cette nouvelle le baron repoussé, reconnaît que la voix de son frère a été puissante auprès du père d'Amalie. Il craint même que la vierge, chaste objet de ses désirs, n'apprenne à quels vils passe-temps il emploie loin d'elle ses heures de loisir. Les pensées féroces qui avaient assailli par flots son cœur pendant le voyage, et que la rapidité de la course rendait encore plus exagérées, arrivent alors au plus haut degré de l'exaspération. Il envoie un cartel à son frère, et en attendant la réponse, il se jette suivi de quelques hommes d'armes dévoués à quiconque les paie et les invite au pillage sur les terres seigneuriales de son frère, lève des impôts dans l'une, met le feu dans l'autre, tue des vassaux et vient enfin planter ses hallebardes fumantes à la vue du château de Lichtenberg.

Le comte ne manquait ni d'intrépidité ni d'adresse dans l'art des armes; mais l'idée d'en venir à un combat singulier avec son frère l'épouvantait. Au lieu de répondre directement au cartel, et peut-être d'en finir d'un seul coup, il se contenta d'armer ses gens et de les mener à la rencontre des hordes infâmes auxquelles son frère se confiait pour l'exécution de ses projets de vengeance. Sa petite armée était la plus nombreuse; mais du côté de son adversaire étaient les hommes plus braves et les plus déterminés. Des gens qui n'ont rien à perdre, et qui, depuis qu'ils ont été en état de porter les armes, se sont enrôlés sous tous les drapeaux, marchent au combat avec plus de fougue que d'honnêtes paysans qui viennent de quitter la faux pour le sabre. Cependant le comte, grâce à sa supériorité numérique, se croyait si sûr d'un triomphe, qu'il fit meubler et disposer, de la manière la plus commode, une tour dans laquelle il était résolu à tenir son frère au milieu des délices et de l'abondance, mais dans une véritable captivité jusqu'à ce qu'il eût donné des signes de repentir.

L'impétueux baron apprit bientôt les intentions et les espérances de son frère. La renommée, qui se plaît à tout charger, à tout envenimer, ajouta même que l'on préparait une tour pour qu'il y terminât sa vie par la faim. A cette nouvelle il fut saisi d'un accès de colère si violent, que, brisant entre ses mains le cristal dans lequel il buvait : « Par » ce Johannisberg que je répands, et par cette » coupe précieuse que brisent mes doigts, je » jure que je ne resterai pas en arrière en fait » de vengeance. Cette tour, dans laquelle je » dois expirer en proie aux horreurs de la » faim, mon frère y mourra de soif. » La période des croisades venait de s'ouvrir, et Charles avait appris par un de ses chevaliers qui venait de la Palestine conquise, que les tourmens de la faim n'avaient rien de comparable à ceux de la soif, et que les despotes orientaux, lorsqu'ils voulaient prolonger les supplices des victimes immolées à leur orgueil ou à leur ambition, faisaient asseoir les infortunés à une table couverte de mets délicieux, sur laquelle on ne voyait pas une goutte d'eau, de vin, de cervoise, de jus de palmier; pas même un fruit rafraîchissant.

Après de nombreuses excursions enfin, un combat décisif s'engage. Le comte, poussé à bout par les dévastations perpétuelles de son frère, marche à lui, l'attaque... D'abord l'avantage du nombre contrebalance quelque temps la valeur de l'ennemi; mais bientôt celui-ci acquiert le dessus. Les novices soldats du comte, quoique conduits par quelques habiles hommes d'armes, ne peuvent tenir contre l'impétueuse bravoure des suivans de Charles; ils sont taillés en pièces, ils fuient; le comte lui-même pique son cheval, et retourne à toute bride au château de Lichtenberg. Mais Charles, à la tête de quelques cavaliers montés sur d'agiles chevaux anglais, a bientôt rejoint son frère. Il le fait arrêter pas ses satellites, lui ordonne de rendre son épée, et le conduit au château de leurs pères dans un appareil bien différent de celui au milieu duquel il en est sorti.

La tour, meublée avec toute l'élégance du moyen âge par les soins du comte, prit l'aspect sombre et désolé d'une prison; et le comte y fut renfermé sous de triples verroux par un geôlier choisi parmi les hommes d'armes les plus féroces de son vainqueur. Nul dans tout le château n'osait s'intéresser en sa faveur. On oublie si vite ceux qui sont tombés, du faîte de la puissance, dans l'abjection. D'ailleurs, qui eût osé braver le courroux du nouveau seigneur. Seul, l'aumônier, inspiré par son humanité et par la reconnaissance des bontés dont il avait été comblé, lui porta, en allant le préparer à la mort, des secours qui prolongèrent sa vie. Mais au bout de la semaine, le baron s'informant de son prisonnier, apprit avec surprise qu'il était encore vivant. Décidé à en finir, il interdit à l'infortuné les consolations de la religion, et fit murer sur lui les portes du cachot. Lorsqu'on les rouvrit, on trouva un cadavre livide.

Le baron de Lichtenberg devient alors comte; mais le bruit de cette atroce vengeance s'était répandu dans tous les environs. Amalie, éclairée sur la cause de cette catastrophe, et sur la destinée qui aurait été la sienne si elle se fût unie à un homme aussi féroce, se confina dans un monastère, et ne voulut désormais connaître d'autre amant que Dieu. Dans la suite, le comte renouvela auprès d'autres belles héritières, les tentatives qu'Amalie avait accueillies et encouragées un instant. Aucune d'elles ne voulut l'écouter, et Charles, vieux, solitaire, en proie aux tourmens d'une conscience bourrelée, mourut sans postérité, laissant dans le pays une mémoire en exécration et le sujet d'une épouvantable chronique à réciter le soir au coin du feu dans les interminables veillées de novembre et de décembre.

Depuis sa mort, son château de cadet n'a pas été occupé. Il semble que tous les propriétaires se soient successivement donné le mot pour le laisser tomber en ruine. Les ronces croissent parmi ses décombres, que tapisse la mousse, et dont la teinte grisâtre et sombre, en flétrissant la gaieté dans le cœur des passans, semble dire que, là, s'est consommé un horrible fratricide. Les bons paysans ne parlent encore qu'en tremblant, du *Château du Diable.*

CHAPITRE VI.

§ 1.

LE CHATEAU. INTÉRIEUR BOURGEOIS. LA FAMILLE. LA REVUE.

Pour peu que j'eusse mis en pratique les procédés amplificatoires des Rosseeuw Saint-Hilaire, Romieu, sous-préfet à Quimperlé, et autres jeunes professeurs de rhétorique qui croient valoir mieux que leurs anciens, parce qu'ils jettent par-ci par-là les mots *prismes* et *inaperçus* dans leurs harangues ampoulées, j'eusse pu sans peine faire quatre à cinq lettres de ma chronique, et arriver à terminer par là mon tome premier; mais j'ai toujours préféré un verre d'eau-de-vie à un verre de grog, et d'ailleurs je comptais, sur M. et madame Michel pour alimenter ma correspondance. Ce ménage, ce digne ménage patriarcal et gouvernemental eût pu à lui seul fournir matière à tout un volume. C'était un petit hôpital, ou, si ce mot vous répugne, belles dames qui êtes sûres de ne jamais tomber là, une petite infirmerie. Notre commandant avait une affection nerveuse; à chaque mot, c'étaient les contorsions les plus comiques, le jeu de physionomie le plus drôle, les grimaces les plus méphistophélétiques qu'il soit possible d'imaginer. Impossible de rester auprès de lui sans ressentir des envies de rire que le bon ton, comme la discipline, vous obligeait de comprimer. Quel martyre pour les lèvres qu'un rire manqué crispait à chaque seconde, et que l'on mordait pour les réduire au décorum de rigueur! On eût dit, à l'aspect de l'honnête commandant, un possédé qu'exorcise M. l'abbé des Mesures (1). En outre, il était obligé d'aller à chaque instant en un lieu où nul aide-de-camp ne remplaça jamais César ou Pompée ; ce qui lui fournissait l'occasion de vous répondre par des chiffres toutes les fois qu'on lui demandait comment il allait : *Sept fois aujourd'hui, hier neuf ; ça va mieux.*

Madame avait un autre petit inconvénient

---

(1) C'est le nom que les Turcs asiatiques donnent au célèbre abbé Desmazures. L'univers, c'est-à-dire la *Gazette ecclésiastique* et l'hôtel des Missions-Étrangères, savent que ce respectable héritier des François Xavier et des pères Duhalde, enivré.... d'un zèle saint, est allé répandre la parole de Dieu en Palestine. Il se mêle aussi parfois de statistique, ce à quoi il s'entend comme Mahul le nécrologue, et fantaisie lui vint un jour de lever un plan de la ville sainte. Les Turcs craignirent d'abord qu'il ne méditât un siége, et mirent quelques obstacles aux opérations géométriques de l'abbé. Mais bientôt instruits qu'en ce siècle les canons de l'Église ne sont chargés qu'à poudre, non-seulement ils laissèrent le Charles Dupin ecclésiastique mesurer longueur, largeur et profondeur, mais encore ces bons et dignes Turcs, qui prennent d'autant plus de part à un travail qu'ils n'y comprennent rien, lui tenaient le cordeau, le fil à plomb, l'équerre, et gratifiaient le digne apôtre du nom d'*abbé des Mesures*.

non moins sensible, et qui me rappelle ce quatrain d'Écouchard :

> Oui! vous avez, Chloris, les traits de Vénus même ;
> Oui ! de vos yeux le charme est triomphant :
>   Vos yeux ordonnent qu'on vous aime,
>   Mais votre bouche le défend.

Arthur, moins anacréontique dans ses épigrammes, prétendait qu'elle avait la confidence perfide et asphyxiait les mouches. Il faut croire que quelque enrhumé du cerveau, quelque punais, comme on dit vulgairement, avait promené autour de la commandante son inolfactive galanterie. J'ai dit un mot de deux enfans qui ne ressemblaient pas plus à leur père que Louis XVIII à Roquelaure, de virile mémoire. Il est clair que l'amant qui avait osé battre en brèche une citadelle de cette force devait, en fait d'amour, ne rien sentir que l'aiguillon même de sa passion.

Je ne crois pas qu'il soit possible de rencontrer un couple plus fait pour inspirer la gaîté au lord le plus blasé et le plus affadi

par un incurable spleen. Le mari, véritable
Don d'Espagne, attachait à son poste l'importance que jamais d'Eckmühl n'attacha en
1813 à Dantzig. Rien n'était plus ordinaire
que de l'entendre parler avec l'emphase
d'un Ximenès, d'un Pitt ou d'un Casimir
Sébastiani, de l'immense responsabilité qui
pesait sur lui : c'était un Atlas chargé du poids
des cieux. Au moindre bruit, il tremblait
comme la feuille; son fort était surpris ou
emporté d'assaut. Jaloux de son grade et
de son autorité, à n'en pas dormir, il
fournissait, par-là même, matière à la malignité de ses subordonnés. C'était un principe dans la compagnie, si l'on voulait lui
faire du chagrin, de l'appeler capitaine. On
était sûr alors de lui voir endosser l'habit de
commandant, habit carré et à galons d'or.
Alors il se pavanait comme l'âne qui portait des reliques. « Je suis lieutenant de roi ! »
s'écriait-il avec emphase. Notre compagnie
faisait ses beaux jours. Personne de son grade
dans notre garnison de quarante hommes !

notre capitaine était en semestre ; aussi le digne commandant se trouvait-il tout-à-fait à son aise. Dans le pays des aveugles, les borgnes sont empereurs. Jamais il ne nous adressait un mot sans le faire précéder ou suivre de cette ronflante apostrophe : *Monsieur le lieutenant!* et il grandissait d'un pied lorsqu'il la prononçait. C'était aussi la formule de madame Michel ; il paraît que cela faisait partie de l'étiquette de cette petite basse-cour bourgeoise, dont on peut trouver des modèles à Cassel, Biberich et autres lieux.

Notre commandant remplissait avec une scrupuleuse ponctualité les pénibles devoirs de la place dont l'avait investi la confiance de Sa Majesté Louis XVIII, roi de France et de Navarre, et de Son Excellence le ministre de la guerre. Quoiqu'inamovible dans sa chaise, vu l'incommodité anti-militaire à laquelle il était sujet, il était infatigable. Le matin, rapport circonstancié des évènemens des vingt-quatre heures ; à midi, la parade ; le soir, le mot d'ordre. On voit que notre chef n'avait pas un instant à lui. Ce qui titillait toutes les membranes rieuses de mon individu, c'était la mine grave avec laquelle il dirigeait solennellement la parade. Il habitait le rez-de-chaussée : c'est par la fenêtre qu'il intimait à haute et intelligible voix des ordres à un caporal pour faire manœuvrer six hommes, force ordinaire de la garde descendante ou montante. Un tambour unique formait toute la musique, et la colonne faisait le tour de la cour et procédait au défilé devant son *seigneur et maître*.

§ 2.

UNE SOIRÉE CHEZ LE COMMANDANT. LE RAPPORT DES FAITS DU JOUR. LE MOT D'ORDRE. LA CORRESPONDANCE. LES VOLEURS.

M. Michel était très-fort au jeu de dames : un soir, selon son habitude, il nous avait engagés à aller faire la partie après le dîner. Il était aux prises avec mon lieutenant; et moi, spectateur ennuyé de la bataille des pions, j'avais toutes les peines du monde à me débarrasser de sa progéniture en deux volumes qui m'escarmouchait les jambes et combattait en guérillas autour des basques de mon habit, quand une laide face de servante, sans doute du choix de madame, annonce l'entrée du caporal qui vient à l'ordre.—« Qu'il entre! » — Salut, mon commandant, dit le caporal » en portant l'arme.—Approchez, caporal! » Messieurs, vous voulez bien?... » Et le phlegmatique gouverneur se hisse d'une main sur sa béquille, dont bientôt le manche reçoit son aisselle, pose l'autre sur le bras de sa bergère, et faisant de la main qui a d'abord fixé la béquille un cornet acoustique, il inculque à voix basse, à trois reprises, au caporal les mots sacramentels que l'oreille des lieutenans ne devait pas entendre hors du service. Sa voix avait tant de délicatesse que les enfans, quoique pour l'instant à l'autre extrémité de la chambre, entendirent à merveille les deux mots d'ordre, et les répétèrent toute la soirée

au grand déplaisir du formaliste joueur de dames. La servante profite de l'occasion pour saisir le coussin percé; elle passe son bras au travers, le fait pirouetter, en tapant dessus pour lui rendre son moelleux, puis elle le glisse derechef sur la chaise de son maître. Le caporal allait partir. « Pcht! capo-
» ral, écoutez ici! répétez-moi le mot d'ordre. »
Et le caporal, flûtant autant que possible sa voix de rogomme, lui siffle à l'oreille *Paris et Patrie.*—«Bien, allez.» Puis, quand le caporal tourne le bouton de la porte: « Où allez-vous?
» vous êtes bien pressé! il n'y a rien de nou-
» veau?—Non, mon commandant.—A-t-on
» raccommodé l'arrosoir?— Oui, comman-
» dant.— On vous a délivré un balai?—Non,
» mon commandant.—Demain, j'écrirai pour
» cela; c'est bon, vous pouvez vous retirer. »

Il était décidé que nous aurions tous les plaisirs à la fois. On annonce la correspondance. La correspondance était un soldat muni d'une boîte de fer-blanc au cou, et qui, avec cet insigne de sa dignité, allait toutes les semaines retirer les lettres de la poste, et prendre les vieux journaux dans un café pour le gouverneur du fort. — « Vous » arrivez bien tard aujourd'hui ! Est-ce que » vous vous êtes amusé à boire en route? » Soufflez-moi sur la figure... Hum ! ce n'est » pas très-clair. —Commandant, les chemins » sont mauvais.—Oui, oui ; c'est pour cela » qu'on s'arrête à tous les bouchons. Vous de- » vriez savoir que c'est très-imprudent pour » un fonctionnaire de votre classe, surtout » quand on porte des valeurs. On ne sait ce » qui peut arriver. » Tout en pérorant de cette façon, et en mêlant ainsi la majesté du gouverneur à la suave paternité du chef de famille, M. Michel ouvrait la malle-poste avec la clef dont un double était entre les mains de la maîtresse de poste. Il en retira trois Numéros du *Moniteur*, et une lettre pliée carrément pour sa servante, et scellée d'un grand pain à cacheter, en forme de galette. « Les valeurs sont-elles saines et » sauves, mon commandant ?—Oui. — Vous

» n'avez plus rien à me dire, mon comman-
» dant?—Non ; posez votre boîte, et revenez
» plus tôt à l'avenir. » Et quand le brave piéton
est hors du salon : — « Messieurs, cet
» homme-là boit; il faudra le changer; il a
» mis quatre heures pour faire quatre lieues.
» A son âge, moi, tel que vous me voyez, je
» courais comme un cerf. » J'étais bien
tenté de lui dire qu'il lui restait quelque
chose de la comparaison ; mais le pauvre
commandant était dans une veine de malheur; il perdait avec Arthur, grinçait des
dents, et jurait avec toute l'énergie d'un
charretier embourbé dans les routes que la
commune, malgré le demi-centime additionnel, ne peut arriver à réparer.

Notre commandant poussait au degré le
plus exemplaire la circonspection dans le
service. Toutes les semaines, on allait chercher à quatre lieues de là, dans la bicoque
voisine, la solde de la garnison. Cette somme
se montait à cent cinquante francs. Le commandant, à qui toutes les ruses des coupeurs

de bourses et tous les dangers d'une route de seize kilomètres en pays civilisé étaient familiers, détachait toujours, pour lui amener à bon port le trésor hebdomadaire, une escorte de dix hommes. Je me plais à lui rendre cette justice, que jamais un denier de la solde ne s'est égaré en route.

Une autre excursion, qui revenait périodiquement pour la garnison de M. Michel, consistait à aller chercher du bois dans une forêt située à environ demi-lieue de la forteresse. Une lourde charrette était chargée de combustibles; une escorte, aussi de dix hommes, suivait le convoi, pour s'opposer à ce qu'il fût enlevé par les Prussiens ou par un détachement de Hesse-Cassel.

Enfin, une escorte non moins nombreuse accompagnait ceux qui allaient chercher du pain au village et qui revenaient portant sur le dos des sacs de toile remplis du comestible. M. Michel, en vérité, avait une vocation décidée pour le gouvernement; il songeait à tout, se mêlait de tout, faisait des moindres riens une affaire importante, et, nous en sommes convaincus, aurait traité les affaires importantes comme si de rien n'était. S'il eût été roi, il eût voulu que le conseil des ministres se tînt dans son palais, et nulle affaire n'eût été expédiée sans avoir été au préalable examinée par la bourgeoise et ses coadjuteurs.

§ 3.

LE GARDE D'ARTILLERIE. CE QUE COUTE A LA PATRIE LA CONSERVATION DE DEUX CANONS DÉMONTÉS. ÉPISODE DE LA VIE DE GOBERT. VIGILANCE EXEMPLAIRE DU COMMANDANT.

Un autre original non moins amusant dans son genre, c'était Gobert, le garde d'artillerie. Ce brave garçon était la bête noire de M. Michel, qui le faisait tourner comme un rémouleur. Pour s'en consoler, Gobert passait son temps au village, où il allait offrir sa protection, en cas de siége, à tous les cabaretiers. Au fait, que diable aurait de mieux à faire un garde d'artillerie à qui la patrie alloue douze cents francs pour garder deux canons et cinquante boulets? Mais, du moins, le but était atteint; les glorieux canons restaient à leur poste, et nul voleur ne venait les enlever pendant que le garde était à prendre le menton de la fille du cabaret. En cela, Gobert différait de certains conservateurs que le budget conserve avec bien plus de soin qu'ils n'ont conservé leurs dépôts. Ami Gobert! modèle des gardes d'artillerie! si j'étais gouvernement, je te ferais voter une médaille, et, pour être sûr qu'elle porterait ta mémoire aux siècles futurs, je ne la donnerais pas à conserver à mon cabinet des antiques.

Ce qui désolait le garde-modèle, c'est qu'il était obligé de passer sous les fenêtres de son tyran pour rentrer chez lui. Gobert était sensible au point d'honneur, et être qualifié d'ivrogne était pour lui un malheur

que rien n'eût pu compenser. La crainte de
quelque avanie de ce genre lui fit embrasser
un parti sage, et que vous approuverez, pour
peu que vous sachiez prendre les choses du
bon côté : ce fut de passer la journée à fêter
Bacchus, et de ne regagner ses pénates qu'à
la nuit close. Un jour, le tonnerre grondait,
le temps était noir; nous allions avoir un
orage : c'est sur la tête de Gobert que la tempête devait éclater. « Qu'on aille chercher le
» garde! » s'écrie le commandant. On court au
lieu du domicile électif du garde, au cabaret,
et on le trouve *inter scyphos et pocula*, faisant un cours de stratégie à trois pékins en
sarreau de toile bleue, qui, bouche béante,
l'écoutent et semblent ne pas le comprendre,
tant leur face allemande annonce par tous
ses traits cette perspicacité de l'homme
qui ne se doute pas même de ce qu'on lui
explique. A cette formule sacramentelle : « Le
»commandant vous demande,» le garde fait la
grimace; mais il veut se hâter d'obéir à la
voix de son chef, il veut courir, et court

même; seulement il vacille un peu, et, perdant l'équilibre, il tombe le dos dans la boue. On le relève, il continue sa course. Le commandant, majestueusement placé à une fenêtre, l'attendait depuis un quart d'heure. « D'où venez-vous, malheureux? — Parbleu, » mon commandant, vous le voyez, je viens » de tomber. — Vous êtes un misérable! Tenez, » regardez, il fait des éclairs, et votre magasin » à poudre n'est pas fermé. S'il allait sauter! « — Ah! ah! sauter!... Beau magasin à poudre! » deux paquets de cartouches dans un sa- » bot fêlé! » répond Gobert, qui se souvenait en ce moment de la discipline comme du nombre de bouteilles qu'il avait bues, et qui faisait des efforts incroyables pour ne plus perdre son centre de gravité. La fureur du commandant ne connaît plus de bornes; sa dignité est compromise. Au milieu de la cour, devant des soldats, trahir la faiblesse de la forteresse et les secrets de l'État, narguer les mesures du gouvernement, rire de l'importance que le commandant attache

à son arsenal. Ses yeux étincellent de rage.
« Allez, retirez-vous ; vous êtes un c. chon !
» rendez-vous aux arrêts ! » et il ferme la croisée
avec violence. « Un cochon, moi! dit Gobert,
» moi un cochon ! Ah! vieux cul-de-jatte de
» gouverneur, tu me le paieras ! » Il veut ramasser une pierre, roule à terre, et donne
ainsi gratis à son dos une seconde couche.
Les camarades courent à lui et l'emportent.
Il résiste, il montre le poing à la maison de
M. le gouverneur; il se frappe la poitrine, et
il répète d'une voix de Stentor :

« Tu dors, Brutus, et Rome est dans les fers ! »

La nuit nous entendîmes le malheureux
Gobert frapper à coups redoublés sur la
porte du gouverneur, en criant : « Michel !
» Michel ! ôte-toi de devant mon soleil. »

§ 4.

UN CRIME DE LÈSE-FLEUR DE LIS.
ENQUÊTE.

Tels sont les comiques incidens qui charmaient pour nous les ennuis de la solitude. La plupart étaient du cru de notre cher commandant, que nous avions baptisé du nom de Roi d'Ivetot, le meilleur des rois, puisque sa liste civile ne s'élevait pas à plus de cent écus, et qu'il laissait à ses sujets de quoi mettre la poule au pot pour eux-mêmes.

Mais les scènes drolatiques dont nous régalait l'imperturbable commandant ne sont pas les seules qui fixèrent notre attention. Quelque temps après notre arrivée, nous eûmes à déplorer un événement qui, s'il ne fit pas autant de bruit que la machine infernale, s'il n'éveilla pas autant de monde que la conspiration de la Meurthe, s'il ne fit pas couler autant de sang que les Ravaillac en soutane, faillit du moins être la pomme de discorde au milieu du bonheur patriarcal et domestique de notre digne commandant.

Le parc d'artillerie, département de Gobert, se trouvait sous les fenêtres de la caserne; c'est-là que dormaient démontés les deux plus inoffensifs des canons qui avaient jadis tonné pour les hauts faits d'une époque glorieuse. Malgré le vert-de-gris et la boue, on lisait encore sur leur surface courbe la fameuse devise du cardinal Ximénès : *ratio ultima regum*, latin usé depuis que, les mains jointes et à genoux, on a trouvé moyen d'économiser la poudre. Le garde qui, d'ordinaire, s'il n'avait pas l'habitude de faire des queues aux zéros, avait en revanche celle de négliger beaucoup ses administrés, mais dont le zèle avait été retrempé par la crainte de la salle d'arrêts, se sentit un beau jour la velléité de faire son devoir; il s'approcha de ses deux pacifiques pensionnaires, qui n'avaient pas même l'honneur d'annoncer les mariages, les naissances royales, les baptêmes de cloches; il aperçoit sur l'un d'eux quelque chose de pâteux et d'odorant que sa délicatesse l'empêche de toucher, et qui cache une fleur de lis indignement souillée. Pour le coup, Gobert est scandalisé ; et, pour la première fois, il porte plainte à son tyran. Grande rumeur: les estafettes voyagent en tous sens, tout est bouleversé; M. Michel, miracle qui depuis quinze ans semblait impossible, marche sans béquilles. Plus de doute ! un infâme complot se trame dans l'ombre ; les révolutionnaires veulent intervertir l'ordre de la succession au trône; on tente ainsi d'exciter au mépris du gouvernement du roi ; on espère empêcher les fidèles canonniers de pointer l'*ultima ratio regum,* et d'approcher le nez de la culasse. C'est une ruse machiavélique et digne du duc d'Otrante. Il y va de l'honneur de M. Michel et de sa place : s'il ne trouve le coupable, lui-même sera victime de cette abominable tentative. Il voit la dénonciation

planer sur sa tête ; le célèbre *Ote-toi de là,
que je m'y mette!* jadis sa maxime chérie, lui
revient sans cesse à la pensée. La générale
bat dans toute l'étendue du fort; les postes
sont doublés, la garnison est sous les armes;
on convoque un conseil extraordinaire :
nous y sommes appelés. On nous adjoint
même, comme renfort, le portier, diplomate
contrefait, qu'on aurait pu envoyer à la conférence de Londres ; car, lui aussi, il a usé et
abusé de la flexibilité de sa colonne dorsale
pour saluer tous les soleils; au reste, génie
très-influent, et dans les lumières duquel
notre gouverneur avait une confiance illi-
mitée. C'est lui qui était chargé de négocier
et de protocoler les ventes des herbages pro-
venant des fossés des fortifications. Il réussis-
sait parfaitement dans cette branche de ses
fonctions, si ce n'est qu'il ne pouvait se défaire de son persil, malgré la bonne envie
qu'il en avait.

Nous voilà autour du fauteuil de notre
mannequin de commandant, à qui la faiseuse

habituelle, madame sa femme, avait composé le discours suivant: « Messieurs, nous som-
» mes perdus si le gouvernement apprend cet
» outrage! Il faut un exemple. Trouvez les
» coupables. Il en faut, il est temps de met-
» tre un terme à l'anarchie qui règne dans la
» garnison. Tant qu'on s'est borné à char-
» bonner sur les murs mon portrait, orné de
» cornes, et à *cerviniser* mon image, ce qui,
» certes, prouve bien l'oisiveté des soldats et
» la perversité toujours croissante du siècle,
» j'ai fermé les yeux, je n'ai rien dit. L'hon-
» neur de madame Michel est trop au-dessus
» de ces froides plaisanteries, et moi-même
» je sens que mon front est trop haut pour
» que j'abaisse un regard sur de plates cari-
» catures, qui tombent d'elles-mêmes devant
» la vertu éprouvée de mon épouse. Mais,
» lorsqu'il s'agit de celui à qui le contribua-
» ble fournit le moyen de nous donner du
» pain et quelque chose avec, il faut lui prou-
» ver notre inaltérable dévoûment, sauf à
» témoigner plus tard notre reconnaissance

» aux contribuables en leur démontrant à
» coups de sabre et de baïonnettes, ou en exé-
» cutant des charges de cavalerie, que le
» souverain qui paie à boire à la troupe est
» le seul qui convienne à leur bonheur. »

Il dit ; et nous, ayant ainsi reçu l'injonction de faire notre possible pour découvrir l'anarchiste impur, l'athée immonde, nous levons la séance comme des députés qui, le jour de l'allocution royale, commentent le superbe discours du roi, qu'on crie dans les rues pour un sou. J'avais Arthur pour auditeur et pour confident. Ce qui m'avait le plus frappé dans sa majestueuse harangue, dans son *Pro canone inquinato*, c'était la franchise avec laquelle il nous avait avoué que les esquisses cornifères dont étaient couvertes les murailles représentaient sa figure au naturel. Au fait, pourquoi avait-il une de ces larges physionomies à caricatures, un de ces masques si mobiles qu'ils se prêtent à toutes les formes ? Il me semble qu'il aurait dû être glorieux de retrouver sa tête en poire sous la figure d'un dieu égyptien, et avec ce double ornement qui caractérise Moïse, Bacchus, Actéon et le Minotaure. C'était au moins ressembler à quelque chose. La seule différence, à mon avis, c'est qu'ici l'ornement n'avait rien de mythologique ; c'était le cas de dire, comme Napoléon-Gobert : *Oh ! c'est de l'histoire !* (1)

Si M. Michel eût eu sous la main un bon ministère public de Zangiocomi et de Vidocq, de Delapalme et de Coco-Lacour, on eût envoyé toute la garnison pourrir six mois dans un cachot, jusqu'à ce que, grâce à quelques rouleaux de *philippes*, on eût fait pencher la balance de la complaisante et aveugle Thémis, qui a des mains pour prendre si elle n'a pas d'yeux pour y voir, et que le couperet de la guillotine eût tranché quelques têtes. Les renégats à robes noires qui pullulent comme chiendent et lèvent comme persil, ivraie et autres mauvaises graines,

(1) Dans la scène où l'empereur, voyant arriver sir Hudson-Lowe, dicte à Las-Cases la note relative à la prise de l'île de Caprée.

n'ayant pas encore pu prendre racine dans le pays vierge de Lichtenberg, c'est au zèle des sergens et sergens-majors que fut surtout recommandée l'enquête si vivement attendue. Après bien des recherches, un soldat qui n'était ni baron ni chimiste, mais qui, à défaut de ces titres haut sonnans, avait du bon sens, déclara que l'auteur de cet attentat à la majesté royale n'était autre que le chat de madame Michel. Sans doute ce digitigrade avait trouvé tout simple, pour prendre l'air, en satisfaisant aux exigences périodiques de la digestion, de se jucher sur le cylindre de bronze et d'enclouer de cette manière des armes désormais pacifiques et silencieuses. Il fut décidé, à la majorité de deux voix (M. Michel et le portier) contre une (madame Michel), que Bibi serait passé par les verges. Les soldats ne regardèrent point comme une vengeance suffisante cette fustigation administrée par des mains que la sympathie rendait indulgentes, et ils décidèrent de leur côté que Bibi passerait par ce qu'en style de corps-de-

garde on appelle la ville d'*Angoulême* ou d'*Avallon*. Ce qui fut dit fut fait; et si les pauvres diables n'avaient pu digérer l'injuste soupçon, ils digérèrent fort bien le délinquant. M. Michel, dont les appréhensions dénotaient assez qu'il n'était pas inamovible, fut au désespoir de cet événement, et resta le mois entier en permanence sur sa chaise percée; madame pleura, tempêta; nous rîmes, et Gobert se frotta les mains. « Je suis sauvé; il n'y
» a pas de politique là-dedans : ces canailles
» d'Amis du peuple n'ont pas fourré leur
» né là. »

§ 5.

COMMENT ON FAIT RENTRER DANS LE DEVOIR DES DROLES QUI SE MÊLENT D'AVOIR FROID ET FAIM.

Il était écrit que le règne du bon Michel, qui jusque-là avait été paisible, ne serait plus que tribulations. A peu de distance du fort était une petite colonie de Zingaris, ou Bohémiens. Ce hameau s'appelait Wildgut. C'étaient de pauvres malheureux, dépourvus de toute ressource, et qui ne vivaient qu'en variant de toute façon leur chétive industrie, danseurs de cordes, chaudronniers, raccommodeurs de faïence, prestidigitateurs, promeneurs d'ours et de singes, etc., etc. Tant de cordes à leur arc ne les empêchaient pas d'être presque continuellement en proie au froid et à la misère. Comme l'hiver était rude, ils se permirent de mettre les forêts à contribution, s'imaginant que le bois était fait pour qu'on se chauffât, et qu'il faut que tout le monde vive. Les gardes forestiers, qui sont payés pour n'être point de cet avis, trouvèrent l'application de ce principe inopportune, et s'opposèrent à la tentative des Zingaris. Il s'en suivit une rixe qui exaspéra ces pauvres gens : ils se révoltèrent et mirent les gardes en déroute. Ordre à notre gouverneur de les mettre à la raison ! Un caporal et huit hommes sont chargés de cette campagne. Il ne s'agit plus que de nommer un général en chef : c'est Gobert...Gobert, tenant à la main un canon de vin à quatre, part en promettant à M. Michel la prompte soumission des rebelles. Il emmène avec lui Grand-Poulot, fils aîné du chef suprême, jeune homme qui promet, car il a fait un cours de stratégie avec une actrice de Strasbourg. Ces deux héros, pour me servir de l'expression de Philippon, *ne font qu'un saut* du chef-lieu du gouvernement au théâtre de la révolte. Quinze jours après, ces cannibales, qui étaient arrivés au sixième degré du crime, étaient rentrés dans le devoir, et l'ordre régnait dans leurs chaumières, où ils grelottaient et mouraient de faim.

(1) L'histoire de Grand-Poulot faisait d'abord partie de notre ouvrage : mais la longueur de cet épisode nous a forcé d'en faire un livre à part. Il est à présent sous presse. Voyez *les Trois Cousins*, ou *Paris, Vienne et Holy-Rood*.... quand ils paraîtront.

§ 6.

DE LA PUDEUR DE Mlle ADÉLAIDE, CUISINIÈRE. ATTENTAT. PERQUISITIONS. IMPUNITÉ SCANDALEUSE.

C'est ainsi que nous touchions au terme de notre exil. J'en appelais de tous mes vœux le dénouement; car, en vérité, le gouvernement du papa commandant Michel n'était ni plus ni moins que la cour du roi Pétaüt(1). Il nous annonça lui-même, d'un air joyeux, que nous allions être remplacés. Après nous avoir, selon la coutume, répété que les jambons qui fumaient dans sa cheminée étaient pour la garnison prochaine, et qu'il regrettait que notre départ trop prompt nous empêchât d'en goûter, compliment qu'il faisait depuis quinze ans à tous ceux qui lui rendaient la visite obligée, il voulut nous montrer le doigt du maître. Mais il faut savoir auparavant que notre gouverneur faisait

(1) Qu'il ne faut pas confondre avec le P. Petau d'Orléans, jésuite, mathématicien, etc.

l'esprit fort. Il se laissait aller au torrent de l'incrédulité; c'était un petit Voltaire, quoiqu'il fût obligé de se faire souffler ses discours par sa femme. Quand la peur d'être dénoncé ne le tenait pas, il donnait carrière à sa vaste érudition théologique. C'était vraiment chose curieuse que de l'entendre développer le principe de Lucrèce, *ex nihilo nihil* (de rien, rien). Il ne pouvait comprendre sa création, malgré les enfans que lui faisait madame. Quelque chose de rien! cela le passait. Ah! s'il eût été témoin de la révolution de juillet, il eût bien vu Mortier, lorsqu'il fulmine des réquisitoires contre une caricature, et qu'il claquemure six mois en prévention un homme dont ensuite le juge d'instruction dira : *Il n'y a pas lieu à suivre;* il eût bien vu, dis-je, Mortier, de rien faire quelque chose. Heureux si jamais le *vice versâ* n'a lieu, et qu'il n'arrive pas à faire *de Quelque chose, rien!*

Ce soupçon d'athée n'osait pas entamer la haute philosophie et la controverse devant sa femme, bonne et simple mère de famille, modeste au point de regarder de travers ceux qui ne criaient pas : *Vive M. Michel!* le jour de sa fête. Gonflée, comme le commandant, de son importance et de la dignité de sa place, cette dame était, sans s'en être jamais douté, la femme libre de Saint-Simon, et elle entrait pour plus de moitié dans l'unité du couple formant un être. C'est elle qui masculinisait le caractère anti-viril du digne chef de la communauté, et cependant M. Michel parlait devant elle avec plus de circonspection qu'un père n'en eut jamais devant sa fille, ou un époux expérimenté devant sa femme de quinze ans. Si, d'une main, il eût *écrasé l'infâme*, bien entendu que cet acte d'énergie n'eût point compromis ses épaulettes ou son traitement; de l'autre, il aurait allumé en pleine église le cierge de la messe que sa femme entendait tous les matins. Puis il tenait à être bien avec le curé, dont la protection n'était point à dédaigner, à cette époque fortunée où le mot d'ordre nous venait de Fribourg. Il s'arrangeait toujours de manière à plaire au saint homme, à l'avoir près de lui, et à lui faire remarquer sa tenue parfaite dans la maison du Seigneur. Il lui aurait même donné la barrette, si on l'eût créé cardinal. On assure même, pour ceci je n'en réponds pas, qu'il allait à confesse tous les mois : pour dire nettement ce que j'en pense, je crois que cela ne lui arrivait qu'au bout du trimestre. Ce qu'il y a de certain, c'est que, fort de l'absolution mensuelle ou trimestrielle, il ne payait pas un pauvre menuisier qui avait travaillé pour lui, et qui venait souvent, forcé à cette extrémité par le besoin, réclamer le salaire qui lui était dû. Règle générale, le commandant, à l'exemple des rois qui doivent donner une Constitution, promettait beaucoup, tenait peu, ajournait, et toujours, marchant de délais en sursis, de sursis en délais, finissait par ne rien octroyer du tout. Au fait, c'est une chose si commode que de mettre à profit son inviolabilité, et de se retrancher derrière un bon fossé de château. Je comprends à merveille que l'on trouve à cela de l'agrément, non compris, comme disait Courier, le profit, qui certes n'est pas mince; et le plaisir de faire de la majesté, du pouvoir, de l'omnipotence. On frappe ainsi son petit coup d'État, on met de côté son programme.

Il ne manquait à notre tartufe à béquilles qu'une couronne pour se montrer le digne rival des souverains, autocrates, rois, ducs, grands-ducs de l'Allemagne. Il voulut, avant de donner à notre petite troupe le signal du départ, nous faire comprendre comment il entendait l'autorité, et comment on faisait respecter l'importance de son grade par les plus récalcitrans d'un régiment. Un soldat avait blessé les regards pudibonds de la gouvernante par une posture indécente, en vaquant aux fonctions étudiées par Sanctorius, fonctions inélégantes, mais malheureusement inhérentes à notre espèce déchue. Plainte est portée au conseil par la vierge offensée;

défense à l'obscène garnison de jamais passer devant les appartemens de la commandante! L'usage pourtant était établi de prendre cette route, par laquelle on évitait un long détour. Mais cette peine semblait à madame Michel peu en harmonie avec la gravité de l'insulte faite aux lois de la pudeur dans la personne de sa cuisinière; elle déclara qu'elle ne dormirait pas tant que l'insolent n'aurait pas été puni. Mais il s'agissait de trouver le coupable. « C'était facile, disaient les deux » offensées; il avait la pipe à la bouche.» L'ordre ainsi donné, le commandant se charge d'aller lui-même inventorier, et de forcer le priapique criminel à se montrer. Est-ce dans l'espérance de voir ainsi le monstre découvert que la gouvernante accepte de grand cœur la commission d'accompagner monsieur à la chambre de la troupe, une chaise percée à la main? Le commandant, toujours avec ce sérieux que nécessitent les circonstances, se place sur le trône pharmaceutique apporté par l'aide-de-camp femelle. Il tousse,

crache, hume sa prise de tabac, recrache, secoue son jabot, crache encore; puis, prenant la parole, vante ses intentions paternelles, annonce que pourtant il doit unir la fermeté à l'indulgence, et jure (on sait que cela n'engage à rien) que le règlement sera une vérité. « Je suis venu vous en donner la
» preuve. Un délit a été commis; je veux en
» connaître l'auteur. Quel est le crime? C'est
» ce que le délinquant sait, et ce que les
» autres n'ont pas besoin de savoir. Compa-
» raissez tous, chacun à votre tour, devant la
» partie plaignante que voilà (et il désignait
» sa servante), et votre juge que voici (et il
» frappait avec circonspection sur son ven-
» tre). Venez subir un interrogatoire, et
» soufflez-moi au nez. »

La preuve *orale* étant ainsi admise (vous savez qu'on l'admet lorsqu'il ne s'agit ni de fournitures frauduleuses, ni de baronnes qui accrochent leur amant à l'espagnolette), chacun s'avance au pas et vient souffler au nez du commandant, qui aspire à saisir au passage certain fumet tabagique qui doit le mettre sur la voie et trahir le satyre. La séance était publique, non pas publique comme celles des députés où l'on n'entre qu'avec des billets ou moyennant finance; c'est gratis que j'assistais à la séance, et quoique gratis, l'éloquence brillait dans l'assemblée; car, quelquefois, c'est aux difficultés éprouvées à la porte de la chambre qu'est due l'idée qu'on se forge du beau talent d'un rapporteur de la liste civile à phrases truffées, pensionnées, dorées et lestées des argumens irrésistibles de don Bazile.

Qu'on se figure un groupe dont le centre était le gouverneur, dans l'exercice de ses fonctions, au milieu d'une chambre à deux compartimens; ensuite qu'on se représente bien le spectacle qu'offre à la vue une chambrée de soldats. En l'air est une planche horizontalement suspendue à hauteur d'homme; au-dessous une rangée de cuillers passées dans des anneaux de cuir; au-dessus une pile de pains de munitions, que l'administration paie pour demi-noirs, mais qui sont aussi noirs que le haut-de-chausse du diable, parce que le fournisseur, le munitionnaire, ce pauvre homme! imite Ouvrard et donne des bals. Sur ces pains fument des morceaux de viande d'un quart de livre, avec quelques grains de sel gris qu'on s'est bien donné de garde de soumettre à l'action de l'égrugeoire : cela s'appelle portion. Ce serait bien peu aux yeux de ceux qui les verraient là dans l'espèce de fosse conique creusée au milieu de cette mie de couleur de pain d'épice ; cela semblerait bien moins encore, si l'on descendait à la cuisine, où l'on voit dans son entier le morceau de vache, de quinze livres, qui doit servir de nourriture à la moitié de la compagnie. Notez de plus que la soupe se fait aux dépens de ce même morceau, qui sort sec comme un lambeau d'amadou de la marmite de fer où il a bouilli. A la cuisson et aux partages président à tour de rôle les soldats de la compagnie. Chacun, pendant un jour, est investi du noble titre de cuisinier. Ce Vatel improvisé, qui souvent ne sait pas saler la soupe, est pourtant chargé du soin de faire manger la compagnie. Nous recommandons cet exemple à M. Jacotot. Voyez ce maître cuisinier d'espèce nouvelle, armé d'un eustache, affublé d'un sarreau qui pourrait convenir à un ramoneur, tant il est maculé par les graisses, la cendre, les débris de carottes et de poireaux, etc.... Comme dit Hernani :

...... J'en passe, et des meilleurs.

Ce noble sarreau remplace à la fois serviette, torchon, mouchoir, essuie-mains. Voyez-le soignant sa marmite, écumant son pot, goûtant le liquide et économique breuvage qui s'élabore sous l'influence d'un feu modeste; voyez-le sur une table qu'on ne lave que tous les samedis, au milieu des gamelles remplies de tranches de pain très-minces, verser, avec la précision d'un alchimiste, le bouillon confectionné sous ses auspices. C'est là qu'on retrouve dans toute sa force l'équité de l'âge d'or. Il est vrai que d'abord l'estimable factotum a mis de côté pour lui son *chapon* (1) (c'est trop simple : justice bien entendue commence par soi-même) ; mais, du reste, l'égalité la plus parfaite ; pas une cuillerée de plus dans une gamelle que dans l'autre. La partie importante des travaux ainsi terminée, regardez avec quel air de grandeur et de munificence, avec quel profond sentiment de sa dignité ce *Riz-pain-sel* en petit distribue les débris et les épluchures aux pauvres, qui vont lui chercher de l'eau pour capter ses bonnes grâces : on se croirait dans la ménagerie d'un souverain constitutionnel distribuant aux reptiles qui l'adulent et qui forment autour de lui une haie impénétrable à la voix de la nation et de la vérité, les miettes succulentes de la table royale ; à l'un, par exemple, la

(1) En terme de soldat, on appelle chapon une croûte de pain fixée au bout d'un couteau et placée dans le bouillon de la marmite. Lorsqu'elle est suffisamment imprégnée de graisse, quelques grains de sel lui donnent la perfection voulue pour chatouiller agréablement le palais du cuisinier régimentaire.

clé de premier chambellan; à l'autre, l'intendance générale des bibliothèques, auxquelles il se garde d'entendre quelque chose, de peur qu'on ne le destitue; à un troisième, le gouvernement d'un château pour lui, ou une place de concierge pour la nièce de la filleule de la cousine de la femme-de-chambre de madame.

Mais revenons à la chambrée.

Après la planche à pain se dessine une rangée de petits lits en fer de deux pieds de largeur, un matelas, un sommier, une couverture, un petit rouleau gratifié par la charité publique du nom de traversin, des draps à deux fins, puisque l'on ne connaît pas d'autre serviette dans ce boudoir. Voilà de quoi se compose ce que l'on appelle un lit dans la caserne. Ces élémens du coucher sont distribués si parcimonieusement qu'il faudrait bien un millier de couvertures pareilles pour étouffer un hydrophobe. C'est là que reposent arrangés avec une symétrie digne de Protagoras les effets et le sac du soldat, le sac surtout, ou, comme le disent les pousse-cailloux, la peau de veau; car il faut savoir, messieurs les citadins qui ne connaissez de l'art militaire que la patrouille, la faction et quelques nuits passés au corps-de-garde ou ailleurs, il faut, dis-je, que vous appreniez que la peau de veau est inséparable du soldat; elle fait partie intégrante de son existence, comme la tocante d'argent fait partie du rentier de l'île Saint-Louis qui va la régler à midi à l'Hôtel-de-Ville, ou comme un griffon à gimblettes fait partie de la vieille femme de Versailles: c'est en garnison son secrétaire, au corps-de-garde son oreiller, en route ou au bivouac sa chaise. Sans peau de veau le troupier n'est plus. L'absence de ce meuble caractéristique le pékinise, à moins qu'il ne passe officier, ce qui arrive à peu de porte-sacs.

A côté, ou plutôt en tête du lit, figure une paire de souliers que n'a pas faite Sakoski. Latéralement se balance voluptueusement la gracieuse giberne, au bas de laquelle se voit l'étiquette qui porte le nom et le numéro du propriétaire. Pour compléter l'ameublement, des bancs, une longue et forte table, un ratelier d'armes qui sert de psyché à l'appartement. La cheminée est décorée de deux pancartes, dont l'une contient le Code militaire, l'autre le devoir du caporal. Enfin, trois autres ustensiles occupaient chacun un angle de la chambre : c'étaient le pot au blanc qui rajeunit la buffleterie, le balai qui s'use vîte et dont on reconnaît les traces sur le carreau poudreux du salon, et la cruche à l'eau, de laquelle, faute de mieux, il est bien obligé de savourer les délices à longs traits. En guise de vase et de pendule, une bouteille d'encre à goulot brisé sert de chandelier.

C'est dans cette délicieuse retraite que le commandant s'était installé pour procéder à son inquisitoriale opération. Ce qui m'amusait plus que tout le reste, c'étaient l'attitude et la démarche irrévérencieuse des habitans de ce manoir en présence de leur auguste chef.

A mesure que chacun avait subi l'interrogatoire, il reprenait ses occupations; l'un sur son lit négligemment couché jouait de la guimbarde et accompagnait ainsi le cri d'un pierrot qui courrait par la chambre ; un autre fourbissait le gisquet qu'on fera bien de frotter d'importance toutes les fois qu'on y verra des taches, ce qui est perpétuel. A côté du commandant, et sur la table, l'écrivain de la chambre venait de finir une lettre; elle portait pour vignette un cœur rouge percé d'une flèche: c'était une déclaration d'amour. Il procédait à la rédaction d'un second chef-d'œuvre. Sur le brillant papier à lettres destiné à recevoir la seconde inspiration était un soldat en grande tenue et au port d'armes. Celui pour qui le savant tenait la plume dictait en ces termes, tout en se regardant dans le fragment triangulaire de miroir qu'il tenait à la main et en se cirant les moustaches avec une couenne de lard :

« Chair parang,

» Je fay maittre la main à la plume par un ami
» qui vous dirat que je suit à l'eau, pital bien ma-
» lade et que j'ai grand besoin d'art jean et que je
» n'ai pas le sous et vu qu'à l'ôpital on nous laisse
» mourir de fin.

» Je vous embrasse et désire que la présente
» vous trouve de même. J'attends votre réponse
» de même.

» Votre chère fice,
» DUMANET. »

Fusillé au 51 1e, 2e bataillon, 1re compagnie,
actuellement à Lichtenberg, département
du Haut-Rhin.

Ces épîtres, dont voici le spécimen, sont une des grandes ressources des pauvres diables qui n'ont d'autre pitance que celles de la caserne. Une telle lettre les occupe un mois entier, et même va aux six semaines. D'abord il faut prendre la résolution d'écrire au pays, à la respectable mère, tante, ou aïeule, et d'en tirer, comme on le dit en argot militaire, de quoi se refaire le cuir. Ensuite il s'agit d'effectuer une descente chez le papetier, pour demander et choisir la vignette la plus convenable à la circonstance. D'ordinaire on se met à deux pour cette importante opération. « M'sieu le marchand, » je voudrais une feuille de papier à écrire où » ce que g'niait mon portrait tout fait. » Et quand le garçon papetier a étalé ses feuilles sur la table. — « Dis donc, Pacot, est-ce que tu » trouves que ça me ressemble, çà? pus sou- » vent que j'ai un si gros piffe! M'sieu le » marchand, faites-moi-z-en voir d'autres. » — Après cela il faut écrire, c'est-à-dire faire écrire, et il en coûte; on paie la goutte au camarade qui seul dans la chambre possède

.... Cet art ingénieux
De peindre la parole et de parler aux yeux.

Puis enfin on attend impatiemment que la mère envoie promptement, ou, comme disent Pâcot et Dumanet, *subtilement* l'argent désiré. Si *elle* arrive cette bonne argent, cela s'appelle avoir tiré une *carotte de longueur*. C'est une fameuse légume que la carotte!

Tout près du commandant Michel était le frater, ou perruquier de la compagnie, lequel, armé d'un rasoir rouillé, ébréché, mince, écorchait la pratique assise sur le coin d'un banc. Dans le fond apparaissait un groupe de six individus qui, la cuiller à la main, serraient de près une gamellée de soupe, et puisaient chacun à leur tour dans le réservoir commun. Leur dévorante et silencieuse pantomime faisait contraste avec les mines du reste de leurs camarades. A cet air sans façons, M. Michel s'aperçut, malgré la haute idée qu'il avait de la dignité de sa physionomie, que son auditoire s'émancipait jusqu'à la moquerie. Un des soupivores, approchant à son tour de monseigneur le gouverneur, lui lâcha au nez, avec son haleine, un de ces soupirs que les Espagnols regardent comme un compliment pour l'Amphi-

tryon qui donne à dîner, et dont ils accompagnent l'explosion par le mot de *gravitas*. « — Sac.. cochon, s'écrie l'époux de ma
» dame Michel, vingt-quatre heures de salle
» de police ! » Et, en lâchant cet arrêt, heureux d'avoir puni, et sûr que dorénavant ses recherches seraient infructueuses, il sortit, enchanté de trouver un prétexte pour évacuer.

Les impertinens furent tous consignés, et madame, satisfaite, se crut, plus que jamais, un modèle de fermeté, de sagesse et de vertu.

§ 7.

DÉPART DE LICHTENBERG. DÉFIANCES. AFFREUX SCEPTICISME DE CES MONSTRES D'AMANS. STOICISME D'ARTHUR.

Nous partîmes quelques jours après, heureux de n'être plus à même de faire faire tant de mauvais sang à la tout aimable commandante. Il me tardait d'arriver à Lauterbourg. Depuis long-temps ma correspondance m'inspirait de violentes inquiétudes. Ma chère Élise laissait percer dans toutes ses phrases je ne sais quelle ambiguité qui sentait les oracles de Delphes. Sa passion, s'il fallait en juger par le ton des missives érotiques, était au moins refroidie ; je me plaisais à croire que cet amortissement de sa vivacité naturelle était dû à une indigence de faconde et à la prodigalité avec laquelle elle avait épuisé dans ses premières lettres toutes les formules de l'amour. Quoi qu'il en soit, les épîtres devenaient de plus en plus brèves, et tout autre, avec un peu moins d'amour-propre, se serait dit : « Les absens » ont tort. » S'il faut être franc, moi-même je n'étais plus à cette première période de passion dans laquelle on ne songe qu'à l'objet aimé. Je confesse même que, de concert avec Arthur, je m'étais laissé aller à quelques petites distractions dans les bois avec les mines joufflues et rebondies des paysannes. Aucune d'elles ne parlait français. Le langage de Paris était inconnu dans ce bon pays incorporé à la France par Louis XIV. Force donc était de laisser de côté le luxe des belles phrases, pour y substituer le langage universel; en d'autres termes, comme dit l'abbé de Condillac, le langage d'action. Certes, mademoiselle Élise, pas plus que sa sœur Virginie, ne devait savoir qu'Arthur et moi filions ainsi le sentiment par signes. Il était donc très-mal à elle de ne pas brûler toujours pour son adorateur, qui, pour adoucir les tourmens de l'absence, batifolait, en tout bien tout honneur, avec la motte de terre, ou bien prenait la bêche pour aider la bergère dans son labour.

Somme toute, je commençais à en vouloir à Élise, et à être, de temps à autre, éperonné par une pointe de vaniteuse jalousie. « Al-
» lons, allons, camarade! me disait Arthur;
» vous avez beau faire le Roland furieux! si
» on ne vous aime plus, c'est comme si vous
» chantiez. Du cœur, morbleu! Qu'est-ce

» qu'une maitresse? tout au plus un habit
» neuf, car le plus souvent il est d'occasion.
» Eh bien! tout s'use, mon cher. On a l'agré-
» ment de pouvoir en changer. Que diable,
» c'est insignifiant aussi d'avoir toujours sur
» les épaules le même drap, la même coupe,
» la même forme! Variez, variez vos habits,
» vos chaussures; c'est là toute la vie. D'ail-
» leurs, la partie n'est pas encore perdue:
» voilà le clocher de Lauterbourg; vous allez
» voir si on vous fait au même. »

FIN DU TOME PREMIER.

TABLE.

Introduction. I

CHAPITRE PREMIER.

§ 1. Naissance, enfance, adolescence. Vocation. Campagne contre les ignorantins. Admission à l'École de Saint-Cyr. 7
§ 2. Entrée à Saint-Cyr. Aspect de l'édifice. Visite au général. Catastrophe du Baron. 11
§ 3. Visite chez le chirurgien. La toise, la chose indispensable pour être un héros. 20
§ 4. Les bureaux. De la Morgue, de la Morgue, et encore de la Morgue. 26

§ 5. Les magasins. L'habit, le vêtement nécessaire, le schakos. Théorie accommodante des tailleurs de régimens. Séparation. 30
§ 6. Intérieur de l'école. 1re année. 2e année. Récréations des élèves. Excursions pseudomathématiques. Les omelettes. 40
§ 7. Sortie de l'École. Adieux. Costumes nouveaux. Pansement chez le restaurateur. 48
§ 8. Le congé. 53

CHAPITRE II.

§ 1. Départ. La voiture. Mes rêveries. Je m'oriente. Je dévisage mes compagnons. 61
§ 2. Un échantillon de persiflage. L'anisette sur la route de Bordeaux, ou le danger de boire seul en société. Les serins. 66
§ 3. Le déjeûner. 75
§ 4. Le conteur. Voltaire-Calotte. La fanfare du jugement dernier. Les chiens majestés. 78
§ 5. Le séminariste et la nourrice. Premier bonheur du sous-lieutenant. 100

CHAPIRE III.

§ 1. Arrivée à Thionville. Jean-Louis. Ses dépenses au café. 105

§ 2. Visite au colonel. Talens militaires de ce héros monarchique. Chat lancé. Madame de la baronne. 112
§ 3. Faute d'un point, Martin perdit son âne. 125
§ 4. Table d'hôte des officiers. Punch de bienvenue. En quel cas on peut compter sur de l'exactitude. 127
§. 5. Voyage à Longwy. Tendre attachement de l'hydrophobe Jean-Louis à son jeune ami. Adieux. 130
§ 6. Le nid de cigogne et les écureuils. 134

CHAPITRE III *bis*.

§ 1. Mon lieutenant. La pipe. Premiers élémens d'éducation. L'art d'aimer des sous-lieutenans. 137
§ 2. Mise en pratique. Cœurs en disponibilité. Les petits jeux, les gages touchés. Les papas. Thérèse. 143
§ 4. Une lettre. Des entrevues. Vivent les blanchisseuses....! Enfin!!! 147
§ 5. L'infidélité. Description abrégée d'un corps-de-garde. Bout de conversation dans une allée. La porte enfoncée. 154
§ 6. Suites de l'effraction, qui n'était pas à main armée. Soufflets maternels. On ferme à clé l'écurie quand le cheval est volé. Duel. 164
§ 7. La fille du maître d'école. Le budget du sous-lieutenant. Adieux aux écureuils de Longwy. 175

CHAPITRE IV.

§. 1. Départ. Comment on acquitte ses dettes. Le sentiment et la conduite. Dialogue des soldats en route. Le pouf. 189

§ 4. La halte. L'autre moitié de l'étape. La place au feu et la chandelle seulement. 198

§ 5. Toilette en plein champ. Arrivée. Renseignemens mutuels. Où se loger? Mes bagages. 206

§ 6. Rivalité d'un bon enfant. Nouvelles amours. Préliminaires et ouverture. 210

§ 7. Les bons conseils. Le jardin. Le dos roussi. N'oubliez pas de lire la note sur M. Moreau-Typhus. 220

§ 8. Ravivement de mes flammes. Perspective d'absence. Philosophie d'Arthur. Le fort de Lichtenberg. 224

CHAPITRE V.

Chronique alsacienne. 233

CHAPITRE VI.

§ 1. Le château. Intérieur bourgeois. La famille. La revue. 257

§ 2. Une soirée chez le commandant. Le rapport des faits du jour. Le mot d'ordre. La correspondance. Les voleurs. 263

§ 3. Le garde d'artillerie. Ce que coûte à la patrie la conservation de deux canons démontés. Épisode de la vie de Gobert. Vigilance exemplaire du commandant. 269

§ 4. Un crime de lèse-fleurs de lis. Enquête. 274

§ 5. Comment on fait rentrer dans le devoir des drôles qui se mêlent d'avoir froid et faim. 282

§ 6. De la pudeur de Mlle Adélaïde, cuisinière. Attentat. Perquisitions. Impunité scandaleuse. 285

§ 7. Départ de Lichtenberg. Défiances. Affreux scepticisme de ces monstres d'amans. Stoïcisme d'Arthur. 303

www.ingramcontent.com/pod-product-compliance
Lightning Source LLC
Chambersburg PA
CBHW071238160426
43196CB00009B/1104